다중지능 이론에 기초한

적성을 살리는
음악 교육

다중지능 이론에 기초한

적성을 살리는
음악 교육

현경실 저

학지사

"한국 출산율, OECD 꼴찌…… 육아 힘들어 안 낳는다."
"베이비 푸어 젊은 부부들…… 아이 키우다 빚더미"
"어린이집 '쏠림' 심각…… 뱃속에서부터 대기"
"엄마 아빠 영어 면접까지 보는 영어 유치원"

얼마 전 신문에서 본 기사 제목들이다. 어떤 것이 아이를 잘 키우는 일일까? 부모에게 있어 아이 키우는 일만큼 중요하고도 어려운 일은 없을 것이다. 경쟁이 점점 더 치열해지고 있어 부모들은 그 어느 때보다도 키우는 일이 커다란 짐이 되고 있다.

좋다고 소문이 나면 뭐든지 해 주고 싶은 것이 부모 마음이다 보니 이와 같은 현상들이 사회 문제가 되고 있다. 아무리 비싸도 영어 유치원에 보내고, 멀리 살더라도 좋다는 어린이집에 보내야 잘 키우는 것일까? 어린아이들의 교육은 거기서 끝나는 것이 아니다. 문제는 그 후에도 계속된다는 점이다. 대학교에 들어가기도 어렵고, 등록금도 비싸고, 졸업하면 취직도 하늘의 별따기다.

　평범한 샐러리맨을 남편으로 둔 가까운 후배가 있다. 아들이 하나 있는데 미국 유학을 원했다. 하나 밖에 없는 아들이니 엄마도 유학을 원하였다. 문제는 경제적인 것이었다. 일단 아들을 미국의 대학교에 보내고, 그 경비 때문에 집을 팔았다. 그러나 3년이 지나자 그 돈이 동이 났다고 한다. 그나마 공부를 잘해 주는 아들이 희망이지만, 이제 대학교 졸업까지 1년 남았는데 그만두게 할 수도 없고 해서, 전세를 빼서 부부는 원룸으로 가고 마지막 등록금을 보내 주었다. 모아 놓은 돈도 없고──하긴 평범한 샐러리맨인 남편 월급으로 생활하기만도 벅찼을 테니── 앞으로 살아갈 일이 막막하다고 그 후배는 하소연하였다. 그 말을 듣자 난 마음이 어두워졌다. 아들을 위해서도 그것은 아니지 싶었다. 남편은 정년이 가까워 오고 그 부부의 생활고는 고스란히 아들의 짐이 될 것이기 때문이다.

　우리의 부모는 우리를 키울 때 지금처럼 이렇게 어려워 하며 키운 것 같지는 않다. '어떻게 아이들을 키워야 하는 것일까?' 공부만이 제일인 이 세상에서, 요즈음 세태를 보면서, 딸 둘을 키우며, 끊임없이 하는 생각이다.

　필자는 전공상 어떻게 하면 음악을 잘 가르칠 수 있을지, 음악이 우리 생활에 어떤 역할을 하고 있는지를 고민하며 살았다. 그리고 음악이, 공부에 찌들어 망가져 가는 우리의 아이들의 정신 건강에 도움을 줄 수 있다고 믿게 되었다.

그런데 문제는 음악을 가르치는 일이 생각보다 쉽지 않다는 것이다. 피아노를 배우기 시작한 아이는 몇 달 지나지 않아 재미없다고 그만두겠다고 한다. 어떻게 해야 하는가? 그만두게 해야 하는가? 강제라도 시켜야 하는가? 언제부터 음악을 가르쳐야 하는가? 어떻게 가르치면 좋은가? 이런 문제들을 해결하고자 많은 고민을 해 왔으며, 이런 고민을 조금이라도 돕기 위해 이 책을 쓴다.

이 책은 그동안 해 왔던 고민들을 나와 같이 자녀를 키우는 부모들과 음악을 가르치는 교사들과 같이 나누고 싶어 기획되었다. 가끔은 주제넘은 소리를 해도 너그러운 마음으로 이해해 주기 바란다. 이 책이 많은 부모와 교사가 음악을 가르치는 데 도움을 주었으면 하는 바람이다.

동선동 연구실에서

현경실

차 례

음악 교육에 대한
궁금증

이 장에서는 아이들에게 음악을 가르치면서 생기는
의문을 중심으로 어떻게 음악을 가르쳐야 하는지를
생각해 본다.

무너지는 학교교육 어찌할 것인가

얼마 전 실로 오랜만에 친구들을 만났다. 중학교 교사를 하고 있는 친구들이었다. 그들은 명예퇴직을 생각하고 있다고 했다. 난 의아했다. 앞으로는 수명도 길어져 오래 산다는데, 퇴직하고도 할 일을 찾아야 하는 판국에 명예퇴직이라니 이해가 되지 않았기 때문이다. 삼십 년 이상 교사를 하고 있는 친구들이나 요새같이 학교가 재미없는 때가 없었다고 한다. 좀 막 표현하면 날뛰는(?) 아이들을 제재할 방법이 없다고 한다. 교사에게 입에 담기도 어려운 욕을 하는 것은 보통이고, 교사의 목에 흉기를 들이대는 사건이 있었는데도 처벌할 방법이 없었다고 한다. 중학교가 의무교육이 되면서 퇴학을 시킬 수도 없는 상황이 되었다는 것이다. 그 무력감과 자괴감을 견디기 어렵다고 했다.

실제로 우리나라 교사의 직업 만족도가 경제협력개발기구(OECD) 회원국 가운데 최하위권인 것으로 조사되었다.[1] '다시

---

1) 신하영, "교사된 것 후회" 20.1% …… OECD 회원국 중 가장 높아, 『이데일리』, 2015. 02. 10.

직업을 선택한다면 교사를 안 한다.'고 대답한 교사가 36.6%이고, '교사가 된 것을 후회한다.'는 응답이 20.1%를 차지해 OECD 34개국 중 가장 높은 비율을 보였다고 한다. 상황이 이렇다 보니 지난해 우리나라 교사 중 명예퇴직 신청자가 사상 최대치를 기록하는 등 교단을 등지려는 교사들이 늘고 있다.

최근 3년간 교사들의 명예퇴직 신청자 수를 살펴보면 2월 기준 명예퇴직 신청자는 △2013년 5,370명, △2014년 5,533명, △2015년 8,858명으로 해마다 기하급수로 증가하고 있다. 김성기 협성대학교 교수가 교사 371명을 대상으로 설문조사를 실시한 결과에서 교사들의 명예퇴직 신청 증가 원인은 △학생 지도의 어려움 36.5%, △잡무 스트레스 15.5%, △학부모 민원 15.0%, △연금 개혁 불안감 12.8% 순으로 집계되었다. 아무리 남들 보기에 그럴싸한 좋은 직장이라도 그 직장이 지옥이라면 무슨 소용이 있겠는가?

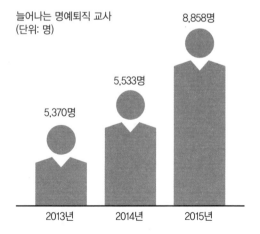

늘어나는 명예퇴직 교사
(단위: 명)

5,370명   5,533명   8,858명

2013년   2014년   2015년

고등학교도 사정이 다르지 않다. 고등학교에서 수업 시간에 엎드려 자는 것은 더 이상 이슈도 되지 않는다. 공부를 잘하는 학생은 선행학습으로 수업과 상관없이 따로 공부하고, 공부가 안 되는 학생은 이해를 못해서 엎드려 잔다. 심지어 수업하는 교사에게 본인이 혼자 공부하는데 방해되니까 조용히 이야기해달라고 부탁하는 학생도 있다고 한다. 그러니 교사가 무슨 재미로 아이들을 가르치겠는가? 우리 교육, 무엇이 문제일까?

사람은 각자 가진 능력이 다 다르다. 공부는 잘하는데 청소는 못하는 사람이 있고, 수학은 못하는데 달리기는 잘하는 사람도 있다. 또 숫자는 잘 기억하는데 사람 얼굴은 기억 못하는 사람도 있고, 조금 늦게 배우는 사람도 있고 빨리 배우는 사람도 있다.

그렇기 때문에 능력별, 수준별 교육은 교육의 기본 원리 중 하나다. 우리의 교육현장은 차별이란 이유로 능력별, 수준별 수업이 불가능하게 되어 있다. 실력 차가 나는 학생들을 한 교실에 30명 이상 넣어 놓고 능력별 수업이 과연 가능할 것인가? 생각해 봐야 할 문제다. '잠자는 교실 이유 있었네'[2]라는 한국일보의 기사는 시사하는 바가 크다. "고교생 10명 가운데 6명은 수학과 과학 시간에 교사가 가르치는 수업 내용을 60%도 채 이해하지 못하는 것"으로 조사됐다. 심지어 수학, 과학 수업 내용의 이해도가 20% 이하인 학생도 5명 가운데 1명 꼴이었다. 수업을 이해하지 못하는데 수업 시간에 집중하기는 불가능하다.

---

2) 한준규, '잠자는 교실'이유 있었네, 『한국일보』, 2011. 03. 09.

우리 학생들의 반 이상이 수업 시간에 어쩔 줄 모르고 있는 것
이다. 우리의 아이들이 불쌍하다. 우리의 교사들이 불쌍하다. 정
말 심각한 문제가 아닐 수 없다. 문제는 공부가 처지는데서 끝
나는 것이 아니다. 이해를 못하는데도 이해하는 척 앉아 있으려
니 괴로운 것은 물론이고 본의 아니게 교사에게도 거짓말을 하
고 있는 셈이다. 아는 척 앉아 있어야 하니 말이다. 게다가 한번
놓친 과목은 몇 년간 이 일이 반복된다. 정말 중요한 청소년기의
대부분을 이렇게 보내는 학생들이 꽤 되는 것이다. 이런 것이 쌓
이고 쌓여 상대방이 무슨 말을 해도 관심도 없고 반응도 없게 된
다. 소통의 길이 막혀 버리고 무관심하게 되며, 거짓말도 우습게
여기게 되는 것이라고 생각한다.

재미있는 사실은 학교에서는 능력별 수업이 대부분 시행되지
못하고 있는데 반해 학원에서는 철저히 능력별 수업이 이루어지
고 있다는 것이다. 그러니 공부는 학교보다도 학원에서 더 잘 가
르친다는 말이 당연한 것인지도 모른다. 그러니 교권은 땅에 떨
어지고 학생들은 교실을 잠자리로 여기게 된다고 해도 과언이
아니다.

수업 시간에 자는 학생이 많은 또 한 가지 이유는 우리의 학생
들이 너무 피곤하다는 것이다. 학교 수업 외에 학원에 가서 새벽
이 될 때까지 공부한다. 무슨 수로 아이들이 그 긴 시간을 집중
해서 공부한다는 말인가? 하루 이틀도 아니고 한두 달도 아닌데
말이다. 교실에서 엎드려 자는 것이 당연하다고 생각한다.

필자는 초등학교 다닐 때 공부를 꽤 잘한다고 생각하였다. 그

러나 중학교에 올라가면서 문제가 생겼다. 대부분의 친구가 초등학교 졸업 후 한두 달 쉬는 기간에 영어 과외를 하고 중학교에 입학하였던 것이다. 그 당시 내가 느끼기에는 나만 빼고 다 영어를 잘하는 것으로 생각되었다. 영어 선생님도 알파벳 등 처음으로 배워야 하는 부분을 뛰어 넘고 수업을 진행하셨다. 40년 전의 일이니 그 당시는 요새처럼 어릴 때부터 영어과외가 유행하지도 않았고 기껏해야 초등학교 졸업 후 한 두어 달 동안 알파벳 정도나 배우고 온 아이들이었다. 지금 생각해 보면 그 실력이 얼마나 되었겠냐마는 그 당시 나는 큰 벽을 느꼈다. 결국 고등학교 졸업 때까지 영어라면 진저리를 치며 싫어하게 되었으며, 따라가지 못하는 영어시간은 내게는 지옥이었다.

다행히 필자는 영어 과목만이 문제였으니 영어 시간만을 견디면 되었다. 그러나 대부분 학업이 처진 학생들은 영어뿐만 아니라 모든 과목에 관심을 잃기 마련이고, 그들의 학교생활은 하루 종일 괴로울 것이 분명하다. 거기서 끝나는 일이 아니다. 학교가 끝난 후 또 학원에 가야 하니 그들의 생활이 어떨지는 상상할 수 있다. 그 학생들이 받는 스트레스를 어떻게 풀 것인가?

학교에서만이 아니다. 집에서도 공부가 최고인 부모에게 그런 학생들은 인정을 받지 못하는 것이 대부분이다. 정말 불행한 삶을 살고 있는 것이다. 공부를 못하면 못해서 스트레스 받고 공부를 잘해도 그 해야 할 양이 너무 많아 스트레스를 받는 것이 우리 학생들의 현실이다.

아이들도 사람이다. 스트레스가 쌓이면 풀어야 살 수 있다. 요즘 아이들이 지나치게 욕을 많이 한다든가 친구를 왕따시키는 일은 스트레스와 관련이 깊다는 생각이 든다. 현직 교사들은 대부분의 아이가 욕을 입에 달고 산다고 증언한다. 욕을 안 하는 아이가 이상할 정도라고 한다. 나는 둘째 아이를 대안학교에 보냈다. 지나친 경쟁이 싫어서 한 결정이었다. 대안학교에 다니던 아이들이 일반 학교에 갔을 때 가장 어려워했던 점이 친구들의 욕이었다. 욕을 듣는 것도 쉽지 않았으나 욕 못한다고 친구들이 끼워 주지 않았을 때 아이들의 고민은 컸다.

얼마 전 친구들에게 지속적으로 괴롭힘을 당한 학생이 자살하여 사회문제가 되었다. 충격적인 사실은 가해자 학생이 너무 평범한, 문제가 전혀 없던, 공부도 꽤 잘하던 학생이었다는 것이다. 즉, 그냥 우리가 흔히 볼 수 있는 우리의 아이였던 것이다. 왕따가 사회적 문제가 되고 있는 것도 아이들의 스트레스 지수와 깊은 관련이 있다고 본다.

그런 분위기에서 생겨난 또 다른 문제는 불신이다. 학생은 알아듣지 못하는데 알아듣는 척 앉아 있어야 하고 교사는 학생이 이해 못할 것을 알면서도 모르는 척 하는데서 생겨나는 총체적인 불신이다. 물론 불신의 원인은 이 한 가지만은 아니다. 그러나 하루 종일 '척' 하는데 서로의 신뢰가 형성되겠는가? 부모나 교사가 아무리 진심어린 말을 해도 듣지 않고, 믿지 않는다. 우리가 정치인들이 아무리 좋은 공약을 내세워도 신뢰하지 않는 것과 같은 맥락이 아닐까 생각한다.

예를 들어 보자. 우리나라 초·중등학교에서는 흡연이 금지되어 있다. 흡연이 금지되어 있다면 어떤 형태로든 정말로 금지해야 한다. 그러나 우리의 현실은 어떤가? 중·고등학교의 많은 학생이 흡연을 하고 있다는 것은 누구나 안다. 그러나 그들은 바로 눈앞에서 담배를 피우는 것만 들키지 않으면 처벌 받지 않는다. 친구에게 심하게 상해를 입혔다면, 교사에게 들키지 않았다 하더라도, 친구들의 증언 등 사실이 인정되면 처벌을 받는다. 그러나 흡연은 그렇지 않다. 지나친 비약인지 모르겠으나 아이들은 여기서 거짓말과 법을 어겨도 된다는 것을 배운다고 생각한다.

그러면 어떻게 해야 할 것인가?

우리는 학교와 학원이 차이가 있다는 것을 분명히 알아야 한다. 학교 교육의 목적과 학원 교육의 목적이 다르다는 것을 인정해야 한다. 학교 교육은 인간 자체에 관심이 있고, 학원 교육은 학업에만 관심이 있다. 학교가 학원처럼 너무 성적에만 신경을 쓰는 일이 학교 교육을 망치고 있다. 대학교에만 잘 보내면 좋은 교육을 하고 있다고 볼 수 있을까?

아이 개개인의 개성과 특성을 인정해 주고, 내 자식도 한 사람의 인간으로서 대우를 해 주며 사랑해 주는 것만이 해결책이라고 생각된다. 부모에게 인정을 받지 못한 사람이 누구에게 인정을 받을 것인가? 부모에게 사랑을 받지 못한 사람이 누구에게 사랑을 받을 것인가? 교육열이 우리나라 성공의 원동력이었다면 이제는 그 열망이 너무 지나쳐 오히려 패망의 원인이 되지 않을까 걱정스럽다. 성장하면서 스트레스를 엄청 받은 우리의 2세들이 자라 주인이 되는 앞으로 20년 후 우리 사회를 상상해 보면 끔찍하다.

음악 분야에도 같은 현상이 보인다. 음악을 지나치게 목적 지향적으로 교육하는 경향이 있다. 음악 대학에 보낼 부모는 강제적으로 음악을 시키며, 그렇지 않은 부모는 공부를 위해서라면 너무 쉽게 음악 교육을 포기한다. 대부분의 부모는 후자에 속한다. 아이가 공부 때문에 음악을 그만두어도 별로 아쉽지 않다. 우리나라 음악 학원에 가면 초등학교 고학년 이상은 별로 없고 대부분의 수강 학생들이 초등학교 저학년인 것이 이 사실을 증명한다. 고학년이 되어 공부가 부담스러워지면 미련 없이 그만두는 것이다. 전자는 대부분 음악을 전공하려는 학생들의 부모에게서 발견되는데, 그 수는 그리 많지 않으나 그 학생들에게 주어지는 스트레스는 상당하다. 아이의 재능과 흥미는 안중에도 없고 강제로 시키거나 관심을 가지지 않는 것이 보통이다.

덕분에 우리 한국 전공자들의 음악 연주 실력은 뛰어나다. 미국의 유명한 음악 학교인 줄리어드나 맨해튼 음악 학교에는 한국 학생이 과반수를 넘는다(때에 따라 그 수가 조금씩 다를 수 있다). 심지어 세계적인 명문인 맨해튼 음악 학교에서는 2012년부터 한국 학생들을 위한 입학 오디션을 교수들이 한국을 방문해 한국에서 실시한다. 아시아의 다른 학생들도 한국에서 오디션을 볼 수 있다. 워낙 많은 한국 유학생에게 베푸는 호의다. 웃어야 하는 일인지 울어야 하는 일인지 구분이 안 가는 일이다.

음악 교육이 아이들의 정서 교육에 중요하다는 것을 인정한다

면 너무 강요하여 음악을 즐기지 못하게 하거나, 음악을 하는데
있어 아이들에게 가장 중요한 역할을 하는 부모의 관심을 받지
못하는 일이 없어져야 할 것이다.

우리 아이에게
음악을 꼭 가르쳐야 할까

　우리 아이에게 음악을 꼭 가르쳐야 하는가? 음악이 아니더라도 우리 아이들이 배워야 할 것은 너무 많다. 경제적인 것도 문제다. 남자 아이라면 힘과 건강을 위하여 태권도 정도는 해야 할 것 같고, 테니스 정도는 할 줄 알아야 사회 생활하는 데 도움이 되리란 생각이 든다. 집중력을 위해 바둑도 가르쳐야 할 것 같다. 공부는 절대 포기할 수 없는 기본이다. 독서와 논술도 중요하다. 창의력을 위해 과학도 해야 될 것 같다. 이것도 가르쳐야 할 것 같고 저것도 가르쳐야 할 것 같다. 이러다 보면 경제적 부담은 물론 아이들의 부담 또한 만만치 않다.

　이런 상황에서 돈과 노력이 드는 음악을 꼭 가르쳐야 할까? 악기 한 가지를 멋지게 연주하는 것은 필수일까? 악기를 배우는 것이 필수라고 생각할 수도 있고 아니라고 생각할 수도 있다. 도시에서 자라는 우리나라 아이들의 90% 정도가 한 가지 이상의 악기를 배운 경험이 있다는 통계[1]가 있다. 대부분의 사람들은 자녀에게 악기 하나 정도는 가르치고 싶어 하고 실제로 가르친 경험이 있다는 이야기다. 학교 공부 외에 과외활동으로 가장 많이 하는 것이 음악인 듯하다.

한 가지 악기를 잘하고 싶은 것이 사람들 앞에서 자랑하려는 의도는 아닐 것이다. 부모들은 자기 아이가 살면서 어려운 일이 있을 때 악기를 연주하며 그 어려움을 푸는 데 도움이 되기를 바랄 수도 있고, 악기 연주가 교양인의 필수라고 생각할 수도 있다. 어떤 이는 어릴 때 음악(악기)을 배우는 것이 아이의 지능을 높인다고 믿기도 한다. 혹은 아이의 재능이 음악에 있을지도 모르니까 음악을 가르쳐 보는 것은 부모로서 중요한 의무라고 생각할 수도 있다.

아이들의 성장에 음악은 무슨 역할을 할까? 미국의 예를 들어 보자. 미국의 대학교 입시제도는 우리나라와 다른 것이 있다. 미국의 유명 대학교에 입학하는 데 음악이나 체육 혹은 미술 중 적어도 한 가지 분야에서 뛰어난 실력을 보이면 유리하다. 공부를 아무리 잘해도 공부 이외의 과외 활동이 없으면 유명 대학교는 입학이 어렵다. 언젠가 미국의 전 대통령 빌 클링턴이 트럼펫을 불어 화제가 된 적이 있다. 미국의 입시제도를 보면 그리 이상한 일이 아니다. 미국의 고등학교에는 밴드가 활성화되어 있다. 조금 큰 학교의 경우 여러 개의 밴드가 있고 활동도 열심히 한다. 대부분의 학생이 음악이나 체육 중 마음에 드는 것을 선택해 열

---

1) 김현지(2010). "초등학교 시기의 악기교육이 청소년기에 미치는 영향에 대하여". 계명대학교 학위논문, p. 22.

전현진(2009). "음악 적성과 음악경험 및 음악적 자아개념간의 상관성 연구". 숙명여자대학교 학위논문, p. 26.

심히 한다. 미국의 대학교에서는 학생들의 이런 활동을 중요시
한다. 그렇기 때문에 사회적으로 성공한 유명 대학교 출신의 사
람이 체육이나 음악을 한 가지 잘하는 것은 흔한 일이다.

그렇다면 왜 미국의 대학교들에선 공부 이외의 예술 활동 등
과외 활동에 관심을 가지는 것일까? 음악을 열심히 한 사람과 안
한 사람이 삶에 무슨 차이가 있기 때문일까? 사람이 음악을 배워
야 하는 이유는 무엇일까?

교육에서 '지(知), 정(情), 의(意)'를 골고루 다뤄 주는 것은 중요
하다. 육체적 건강을 위해 운동이 꼭 필요한 것처럼 정신의 건강
을 위해 예술교육은 꼭 필요하다. 우리의 현재 교육은 '지'에 집
중되어 있다. '지'만을 강조하다 보니 건강하지 않을 뿐 아니라
아이들도 불행하다. 성적이 떨어졌다고 자살하는 예는 많다. 공
부를 아무리 잘하면 무엇하겠는가? 의지가 없어 자신을 책임지
지 못한다면 말이다. 음악 등 예술 문화 과목들은 '정'인 감정을
조절하고 강조할 수 있는 좋은 도구다. 정신적인 건강에 필수인
셈이다. 사람은 어려움을 당하지 않고 살수는 없다. 살면서 어려
울 때 우리는 사랑하는 사람을 생각하고, 위로가 되는 것들을 찾
는다. 음악이 그 역할을 담당할 수 있다. 그 어떤 것도 우리 아이
들의 육체적, 정신적 건강과는 바꿀 수 없다. 항상 귀에 이어폰
을 꽂고 있는 자녀를 너무 야단치지 마라. 그는 그 나름대로 살
길을 찾고 있는지도 모른다.

그러므로 '우리 아이에게 음악을 가르쳐야 할 것인가?'라는 질
문의 답은 '그렇다'이다. 가끔 자신은 타고난 '음치'이며 음악에

는 영 재주가 없다고 생각하는 사람을 우리는 종종 만날 수 있다. 또 우리의 아이들 중에도 영 음악을 싫어하고 음악에 재주가 없어 보이는 아이들이 있다. 이런 아이들에게도 음악을 가르쳐야 하는 것인가? 물론이다.

수학에 별로 재능이 없는 아이도 수학은 반드시 배워야 하는 과목이다. 수학 교육의 목적은 유명한 수학자가 아니라 논리적인 사고를 기르는 것이다. 다른 과목도 마찬가지다. 체육에 재주가 없다 하더라도 건강을 위해 운동은 반드시 해야 한다. 음악도 마찬가지다. 재능이 있고 없고를 떠나 정서적인 건강을 위해 반드시 배워야 한다.

정상인이라면 누구나 음악을 배울 수 있는 능력을 타고 난다. 음치로 타고난 사람은 없다고 한다. IQ가 정상인의 범위에 든다면 누구나 정상적으로 학교 교육을 받을 수 있는 것과 같은 이치다. 하지만 모든 사람이 수학자가 될 수 없듯이, 모든 사람이 전문 연주가가 될 만큼 잘할 수는 없다. 하지만 음악을 즐기며 연주하는 정도는 누구나 할 수 있다.

우리나라 학교 교육에서는 여러 주요 과목에 밀려 음악 수업 시간이 충분하지 않다. 그렇기 때문에 학교에서 교육받는 것에는 한계가 있다. 게다가 음악을 배우는 것은 생각보다 시간이 많이 걸리는 작업이다. 악기를 한 가지 배우려고 해도 우리나라 학교 교육에서는 여러 가지 사정상 쉽지 않다. 따라서 개인적으로 음악을 배우는 데 관심을 가질 수밖에 없다.

음악은 아름다운 소리 예술이다. 삶에서 아름다움을 느끼고 추구하는 것은 인간의 권리이자 본성이며, 아름다움 그 자체만으로도 충분히 배울 가치와 의미가 있다. 사람은 의식주가 해결된다고 해서 행복하지 않다. 아름다운 꽃이나 아름다운 사람을 보았을 때 행복해지는 것처럼 아름다운 음악을 들을 때 행복해진다. 음악은 아름다움을 추구하는 인간의 본성을 채워 줄 수 있다.

좋은 음악을 즐길 줄 아는 능력은 축복이다. 좋은 음악의 가치를 알고 즐길 수 있다면, 좋은 음악에 가슴을 설렐 수 있다면, 얼마나 삶이 풍성해 질 수 있을 것인가? 음악 교육을 통해 이것이 가능하다. 그렇다면 음악을 즐긴다는 것은 무엇인가? 음악을 감상하는 것도 즐기는 일이고, 직접 연주하는 것은 더욱 음악을 즐기는 일이다.

미국에서 유학할 때의 일이다. 크리스마스 때쯤으로 기억하는데 미국 친구가 내가 거주하던 '필라델피아'의 오케스트라가 〈메시아〉공연을 하는데 같이 가겠냐고 물어왔다. 난 과거에 교회 성가대에서 오라토리오 〈메시아〉을 연주해 본 적이 있어 관심이 갔다. 나는 흔쾌히 같이 가자고 대답했다. 그랬더니 나한테 무슨 파트냐고 묻는다. 콘서트에 가는데 내 파트를 묻는 것이 의아했다. 왜 그러냐고 물었더니 그 콘서트는 감상하는 콘서트가 아닌 참여하는 콘서트로서 본인의 파트를 찾아가 노래를 부르는 콘서트라는 것이다. 내가 알토라고 대답하자 자기는 소프라노이니 같이 못 앉겠다고 아쉬워하는 것이었다.

음악회에 갔다. 수백 명의 청중이 콘서트 장을 가득 메웠고, 파트별로 자리 잡고 앉아 악보를 나누어 받았으며, 세계적으로 유명한 필라델피아 필하모닉 오케스트라의 반주에 맞추어 콘서트장에 모인 모든 사람이 다 같이 〈메시아〉를 완주했다. 직접 부르는 음악은 감상하는 음악과는 정말 다른 감동이 있었다. 난 그날의 감동을 지금도 잊을 수가 없다. 쉽지 않은 헨델의 오라토리오 합창곡들을 그 많은 사람이 정확히 부를 수 있다는 사실도 놀라웠고, 직접 참여했을 때의 색다른 감동도 잊을 수가 없다. 물론 솔로 파트는 전문가들이 참여하여 연주하였다. 수백 명의 사람들이 그 감동을 위해 비싼 가격의 티켓을 사는 것이다.

나중에 들은 이야기에 따르면 그 콘서트는 매해 크리스마스 시즌에 열리고 있었으며, 그중 많은 사람은 그 공연에 해마다 참여하고 있었다. 심지어 삼삼오오 모여 그 콘서트를 위해 몇 달 전부터 파트 연습을 한다고 했다. 진정한 의미에서 음악을 즐길 줄 아는 사람들이라는 생각을 했다. 우리나라 사람들이 노래방에 가서 즐기는 것과 같은 맥락이라고 볼 수 있으나, 그 사람들은 좀 더 높은 수준의 좋은 예술음악을 즐기고 있었다. 다행히도 우리나라에서도 몇 년전부터 이런 음악회가 열리고 있다. 진정으로 수준 높은 음악을 즐길 줄 안다면 우리의 생활은 정말 멋지지 않겠는가?

'음악 적성'이란 무엇인가

사람은 누구나 여러 가지 적성을 가지고 있다. 세계의 유명 교육학자이며 하버드 대학교 교수인 가드너(Howard Gardner)는 인간의 적성 혹은 지능을 여덟 가지로 분류하였다. 가드너가 제시한 인간의 여덟 가지 지능은 흔히 학교에서 IQ로 불리는 학습적 잠재력인 논리-수학적 지능(logical-mathematical intelligence)과 언어적 지능(linguistic intelligence) 외에도 음악적 지능(musical intelligence), 신체-운동적 지능(bodily-kinesthetic intelligence), 공간적 지능(spatial intelligence), 대인관계 지능(interpersonal intelligence), 자기이해 지능(intra-personal intelligence), 그리고 자연 탐구 지능(naturalist intelligence)이다. 그리고 각 지능은 각기 고유한 특징을 가지고 있다. 다시 이야기하면 각 지능은 서로 다른 특징을 가지고 있으며, 서로 관련 없이 독립적이다.

모든 분야의 지능이 모두 뛰어난 사람은 드물며, 사람들 대부분은 어떤 지능은 좀 높지만 어떤 지능은 상대적으로 좀 낮다. 예를 들어, 어떤 아이는 신체-운동적 지능이 높아 체육은 잘하는데, 논리-수학적 지능이 낮아 수학이라면 질색을 할 수가 있다. 또 친구들과 잘 지내는 아이가 있는가 하면 친구들과의 관계를 어려워하는 아이들도 있다.

그렇기 때문에 본인의 적성, 즉 높은 자신의 지능은 찾아 계발하고 낮은 지능은 노력하여 보완하는 것이 중요하다. 부모나 교사의 바람은 아이가 자기의 적성을 일찍 발견하여, 그 적성을 계발함으로써 그 분야에서 두각을 나타내는 것이다. 그래서 사회적, 경제적으로 성공하여 행복하게 살기를 바란다. 누구나 하고 싶은 일을 하면서 행복한 삶을 살 권리가 있으며, 이것은 교육의 중요한 목표 중 하나다.

음악도 하나의 지능이며 적성이다. 보통 공부를 잘하는 아이가 음악도 잘할 것이라고 생각하기 쉬우나, 연구에 따르면 음악적 지능은 학습적 잠재력인 IQ와는 관련이 적은 독립적인 지능이라고 알려져 있다. 가드너가 주장한 것과 같다. 영어나 수학을 하는 능력과는 별개의 능력이라는 것이다.

적성이란 무엇인가? '말'을 예로 들어 생각해 보자. 언어학자 촘스키(Chomsky)에 의하면 사람은 누구나 언어를 배울 수 있는 능력, 즉 보편적 언어 적성을 타고난다고 한다. 그 능력이 어떤 언어 문화를 접하느냐에 따라, 접한 특정 언어를 배울 수 있는 능력만이 계발되어 그 적성이 고정된다는 것이다. 그래서 정상인이라면 모국어를 습득하고 사용하는 데 어려움을 겪지 않는다. 그러나 외국어라면 다른 이야기다.

일본 사람들은 우리나라 말의 받침을 발음하기 어려워한다.

그래서 '김치'를 보통 '기무치'라고 발음한다. 왜냐하면 일본말에는 'ㅇ'과 'ㄴ' 정도 외에는 쓰이는 받침이 없기 때문이다. 그래서 모국에서 쓰는 받침이 아니면 영 발음하기를 어려워한다. 즉, 받침을 발음할 수 있는 적성(잠재력)이 발달하지 못한 것이다. 이런 예들은 얼마든지 있다.

요새 아이들은 영어를 어릴 때부터 원어민 발음으로 배우는 경우가 많기 때문에 발음이 기성 세대보다 훨씬 좋다. 그러나 기성 세대의 어른들은 대부분 'F' 발음과 'P' 발음, 혹은 'B'와 'V'를 구별하지 못한다. 우리나라 말에는 'ㅍ'과 'ㅂ' 하나씩 밖에 없기 때문이다. 재미있는 사실은 그 두 발음이 확연히 다른데도 대부분의 우리나라 사람들은 구별하지 못한다는 것이다. 그러나 원어민들은 그것을 구별하여 이야기하지 못하면 알아듣지 못한다.

이와 같은 현상은 외국어뿐만 아니라 우리나라 안에서도 일어난다. 경상도 사람들은 'ㅡ' 발음과 'ㅓ' 발음을 정확히 내지 못한다. 들어보면 'ㅡ' 발음을 'ㅓ'로 하는 것 같다. 재미있는 사실은 다른 지방 사람들은 경상도 사람의 'ㅡ'와 'ㅓ'를 구별하지 못해도 경상도 사람들끼리는 잘 구별한다는 것이다. 이런 현상들은 발음에 대한 잠재력이라고 볼 수 있다. 이런 잠재력들은 저절로 형성되는 것이다. 결론적으로 '잠재력'이란 타고나는 능력과 배우는 것 중 저절로 배우는 것으로 정의한다. 반면에 성취도는 의도적으로 정규 학습을 통해 배우는 것을 지칭한다.

다시 IQ를 예로 들어 보자.

'학습 잠재력'인 IQ와 실제로 얼마나 배웠느냐 하는 '학습 성취도'는 다르다. 잠재력은 안에 잠재된 능력이고, 성취도는 겉으로 나타난 학습된 후의 결과를 뜻한다. 잠재된 능력이 높아도 겉으로 안 나타날 수 있다. IQ가 높아도 학습 성취도, 즉 성적은 안 좋을 수도 있다는 것이다. 학습 성취도를 결정하는 데는 IQ 외에도 여러 가지 변수가 작용하기 때문이다.

그렇다면 음악적 적성이란 무엇인가? 음악 적성은 보통 '음악성', '음악적 재능', '음악 소질', '음악 지능' '음악적 감수성', '음악적 능력' 등 여러 가지 용어로 혼용되어 왔다. 이 용어들이 차이는 조금씩 있지만 보통 잠재력과 성취도를 합해서 표현된다. '음악적 능력'은 잠재력과 성취도를 합해서 표현하는 대표적인 단어다. 반면에 한 단어가 때에 따라 다른 의미로 사용되기도 한다. 가장 흔히 사용되는 용어인 '음악성'은 '음악 잠재력'을 지칭하기도 하고 '현재의 음악 실력', 즉 '성취도'를 뜻하기도 한다. 말하는 사람에 따라 그 내용이 달라지는 것이다. 예를 들어, 어떤 아이가 '음악성이 좋다.' 하면 '음악적 잠재력이 많다.'는 이야기일 때도 있고, 현재 '음악을 아주 잘 한다.'는 이야기일 때도 있으며, 둘 다를 지칭하기도 한다.

많은 학자가 '음악 적성'을 '음악의 IQ'로 '음악 학습의 잠재력'으로 정의한다. 가드너는 음악적 지능을 "음 높이(pitch), 가락, 리듬, 음색 및 소리의 감정적 측면에 대한 감수성(sensitivity)"이라고 정의하였다. 음악 적성은 음악을 배운 경험이 있든 없든 안에 잠재된 능력이고 성취도는 배운 다음 나타나는 결과물이다. 두 아이가 똑같은 환경에서 같은 선생님께 바이올린을 배운다고 가정해 보자(사실 똑같은 환경이란 있을 수 없다). 그리고 같은 시간을 연습한다고 가정해 보자. 그렇다고 해서 그 두 아이의 바이올린 실력이 같을까? 아니다. 같이 배워도 빨리 배우는 아이가 있고 그렇지 못하는 아이가 있다. 그 원인은 한두 가지로 설명하기 쉽지 않을 것이다. 그러나 그 원인의 한 가지가 '음악 적성'이라고 표현되는 '음악 학습의 잠재력'이다. 음악 잠재력인 음악 적성이 높은 사람은 음악 학습 속도가 당연히 빠르다. 그러므로 음악의 잠재력인 음악 적성을 키우는 일은 매우 중요하다.

음악 적성은
타고 나는 것인가

음악 적성은 타고 나는 것일까? 사람들은 보통 공부는 열심히 하면 누구나 잘할 수 있다고 믿는 반면에 음악은 저절로 잘하는 사람과 아무리 해도 안 되는 사람으로 나뉘어 있다고 생각한다. 다시 이야기하면 공부는 노력하면 잘할 수 있다고 믿으면서, 음악은 아무리 노력해도 안 되는 사람이 있다고 생각한다. 그러나 이것은 사실이 아니다.

음악 적성은 타고 나는 것일까? 키워지는 것일까? 타고난 것이 적더라도 잠재력을 키워 음악을 잘하고 사랑하는 아이로 만들 수 있을까? 음악 적성에 대해서는 아직도 많은 학자가 연구를 진행하고 있다. 음악 적성 연구가 인간을 다루는 일이기 때문에 정확한 사실을 알아내는 데는 한계가 있을 수밖에 없다. 얼마만큼의 음악 적성을 가지고 태어나는지를 측정하려면 아기를 대상으로 할 수밖에 없는 터라 그 연구가 만만치 않다. 갓 태어난 아기를 대상으로 음악 적성을 측정하기란 거의 불가능하기 때문이다.

음악 적성이 얼마나 길러지는지를 아는 것도 쉬운 일은 아니다. 시간이 많이 걸릴 뿐만 아니라 그 계발 정도를 정확히 측정하기는 불가능하기 때문이다. 간단히 인간의 뇌를 들여다보아 알 수 있는 일이라면 얼마나 좋겠는가?

학자들의 연구 결과에 의하면 누구나 얼마만큼의 음악 적성은 가지고 태어난다. 정상아라면 누구에게나 IQ가 있듯이 누구에게나 음악 적성이 있다. 인간은 누구나 음악을 배울 능력을 가지고 태어난다는 뜻이다. 그 능력이 많고 적음의 차이가 있을 뿐이다. 그 능력은 환경과 교육에 따라 변한다. 즉, 가지고 태어나는 것과 자라면서 계발되는 것 두 가지가 모두 중요한 역할을 하고 있다. 인간의 IQ 등 다른 능력과 같다고 보면 무리가 없다.

음악은 소리이고, 음악의 학습은 소리를 통해 일어난다. 소리를 통해 학습되는 언어를 예로 들어 보자. 정상아라면 누구나 모국어를 배울 능력을 가지고 태어나나 그 언어 환경에 따라 언어 학습의 잠재력이 달라진다고 앞에서 기술하였다. 한국인이어도 미국에서 태어나 살면 영어가 모국어가 되며, 한국에서 태어나 살면 한국어가 모국어가 된다. 접한 문화의 언어에 대한 잠재력만이 길러지는 것이다. 인간은 누구나 언어를 배울 능력을 가지고 태어난다. 그러나 정상아라 하더라도 언어 환경이 없다면 말을 못 배울 수도 있다. 극단적이긴 하지만 늑대 소년의 예를 알고 있지 않은가? 늑대와 같이 자란 아이는 말을 못하고 늑대와 똑같은 소리를 내며 살고 있었다고 한다.

음악 적성도 마찬가지다. 사람은 누구나 음악 적성을 가지고 태어난다. 하지만 음악을 들을 기회가 없다면 늑대 소년의 예처럼 음악을 배울 기회를 잃게 된다. 그러나 걱정하지 말라. 현대 사회에서 태어나 음악을 들을 기회가 없이 산다는 것은 불가능하다. 어디서나 들리는 것이 음악이기 때문이다. TV를 켜도 음악이 나오고, 버스를 타도 음악이 나오며, 길거리를 지날 때도 음악이 나온다. 원치 않아도 음악을 사방에서 듣게 되어 있다. 그러므로 현대 사회에서 음악을 배울 기회가 없는 사람은 상상할 수 없다.

학교에 들어가기 전 아이들은 어느 정도 자신의 의사를 말로 할 수 있게 된다. 학교 국어 시간에 비로소 말을 배우는 것이 아니다. '말'은 학교 들어가기 전에 집에서 배운다. 음악도 마찬가지다. 어린 아이가 태어난 지 몇 년이 지나면 자연스럽게 들리는 음악에 몸을 움직이는 등 반응하기 시작하고, 들리는 노래를 따라 부르기 시작한다. 노래 부르는 방법 자체를 학교에 가서 배워야 노래를 할 수 있게 되는 것은 아니다. 대부분의 아이는 초등학교에 들어가기 전에 이미 신나는 음악이 들리면 춤을 추며, 노래는 따라 부를 수 있게 된다. 학교에 들어가서 배우는 것은 특정 곡을 배우는 것이지 노래 부르는 방법 자체를 배우는 것은 아니다. 그러므로 누구나 자연스럽게 모국어를 배우는 것처럼 음악을 배우게 되어 있으며, 자연스럽게 음악 적성이 발달하게 된다.

음악이 모국어와 다른 점은 모국어는 노출 기회와 사용할 기회가 음악보다 훨씬 많다는 점이다. 말을 못하면 사는 데 불편하다. 말 안 통하는 외국에 가 본적이 있는가? 그 불편은 말로 다 할 수 없다. 아이들도 같은 것을 느낀다. 말을 늦게 배우는 아이가 있다고 가정해 보자. 부모는 아이가 혹시 말을 못할까 봐 전전긍긍하게 될 것이고 본인도 부모와 주위의 관심으로 말을 배우려고 무의식적으로 노력하게 될 것이다.

그러나 음악은 어떤가? 말처럼 항상 사용하는 것이 아니어서 어떤 사람에게 음악 적성이 얼마나 있는지는 평소에는 잘 나타나지 않으며, 음악 적성이 없어도 사는 데 전혀 불편하지 않다. 특별한 날 노래방 갈 때만 아쉬움을 느끼는 정도다. 그래서 음악 적성을 계발할 기회를 놓치곤 한다. 음악 적성이 저절로 길러지는 것도 사실이지만, 여러 가지 이유로 계발할 기회를 놓칠 경우, 보강하기도 쉽지 않은 것이 사실이다. 그러나 관심을 기울인다면 더 계발할 수 있는 것이 바로 음악 적성이다.

우리의 아이가 음악 적성을 계발할 시기를 놓치지 않고 잘 계발할 수 있도록 주의를 기울일 필요가 있다. 아이가 음악에 관심이 없는지를 살피고, 아이가 자연스럽게 음악을 접할 수 있도록 도와주어야 한다. 그리고 집에서라도 자연스럽게 음악을 들을 기회를 늘려 주고, 음악회에도 참석하도록 해 보자. 또 음악에 관심이 많은 아이는 그 아이의 재능이 음악에 있는지 살펴보고 길러 주어야 한다.

어떻게 해야
음악 적성을 키울 수 있을까

어떻게 하면 음악 적성을 계발하고 음악을 잘할 수 있을까? 답은 '음악을 많이 경험하는 것'이다. 영어에 대한 잠재력을 기르려면 영어를 많이 쓰는 영국이나 미국에 가는 것이 가장 지름길이 아니겠는가?

얼마 전 중국에서 영어 교육을 위해 아이들의 혀를 수술해 주는 것이 유행한다는 기사를 읽은 적이 있다. 얼마나 어리석은 일인가? 미국 사람이 구강 구조 때문에 영어를 잘하는 것은 아니다. 영어를 쓰는 사회에서 살기 때문에 잘하는 것이다.

영어를 모국어처럼 아주 잘하고 싶은가? 그러면 모국어처럼 많이 듣고 읽어라. 그렇다면 한국에서 어떻게 모국어처럼 많이 듣고 읽을 수 있을 것인가? 이해가 되든 안 되든 항상 영어를 듣고, 영어로 된 드라마나 영화를 하루 종일 보아라. 그리고 영어 자막이라도 열심히 읽어라. 어딜 가든지 이어폰을 꽂고 영어를 들어라. 그리고 영어로 상상하라. 몇 년이 지나지 않아 귀가 뚫리고 입이 열릴 것이다. 언어는 소리로 경험하고 배워야 한다.

음악은 언어를 배우는 것과 똑같다. 둘 다 소리를 통해서 배우는 것이기 때문이다. 어떻게 모국어를 습득하는지를 관찰한다면 아이가 어떻게 음악을 배우는지를 알 수가 있다. 아기들은 어릴 때부터 들은 것들을 따라 하기 시작한다. 언제부터인지 꼭 집어서 이야기하긴 어려우나, 태어난 지 3~4개월이 지나면 대부분의 아기들이 옹알이를 시작한다. 아기가 태어나서 '엄마'라는 말을 배우기까지 얼마나 많이 '엄마'라는 말을 들었을지 상상해 보라. 적어도 수천 번 들었을 것이다. 아이들은 주위에서 하는 말을 듣고 말을 배운다. 주위에서 경상도 사투리를 쓴다면 경상도 사투리를 배울 것이고, 영어를 쓴다면 영어를 배울 것이다. 음악도 마찬가지의 과정을 거쳐 배운다.

음악이라 하면 너무 막연하니 음악의 영역 중 '노래'를 예로 들어 보자. 정상아라면 누구나 서너 살이 되면 간단한 노래들을 부르기 시작한다. 아이들은 어떻게 노래를 배울까? 누구나 어떤 노래를 반복해서 듣게 되면 그 노래를 부를 수 있게 된다. 할머니의 노래를 들으며 자란 아이는 할머니가 부른 노래를 배울 것이며—비록 그 곡이 유행이 지난 오래된 노래라 할지라도—TV를 많이 보는 아이는 TV에서 자주 나오는 CM송이나 유행가를 부르게 될 것이다. 음악 교육학적으로 말하자면 아이가 어떤 노래를 부른다는 것은 그 노래를 학습한 것이다. 아이는 학습한 노래를 가장 잘 부른다.

노래방에 가면 누구나 애창곡 하나 정도는 가지고 있을 것이다. 애창곡이라는 것은 그 사람이 가장 잘 부르고 좋아하는 노래라는 뜻이고, 그 사람에게 가장 학습이 잘 된 곡이라 할 수 있다. 그런데 그 애창곡이 학교 음악 시간에 배운 노래인 사람이 있는 가? 드물 것이다. 왜 그럴까? 노래방의 분위기를 깨기 때문에 학 교에서 배운 노래는 피하는 것인가? 물론 그런 면이 있다. 배운 지 너무 오래되었기 때문일까? 그것은 아니다. 보통 어른들이 노 래방에서 부르는 애창곡은 그 사람이 젊었을 때 유행한 노래일 때가 많지 현재 유행하는 곡은 드물다. 사람은 어렸을 때 듣고 불렀던 노래를 더 잘 기억하며 부른다. 오래 전에 유행했지만 오 랫동안 그 사람의 애창곡인 경우가 많다.

왜 사람들은 대중음악은 좋아하고 잘 부르는데, 학교에서 배 운 좋은 음악, 예술음악이라고 부르는 노래는 싫어하고 못하는 것일까? 많은 사람은 왜 예술음악보다는 대중음악의 학습이 훨 씬 잘 되어 있을까? 그 이유는 우리가 평소 듣는 노래 중 대중음 악이 절대적으로 많기 때문이다. 굳이 대중음악을 좋아해서 찾 아 듣지 않는다 하더라도 주위에서 대중음악을 들을 기회가 널 려 있기 때문이다. TV를 틀어도 나오고 버스를 타도 나온다. 원 하지 않아도 흔히 들을 수 있는 것이 대중음악이다.

어떤 드라마가 인기를 얻으면 그 드라마의 OST는 저절로 인기를 얻는다. 왜냐하면 사람들이 드라마를 보면서 원하던 원하지 않던 그 드라마의 OST를 수십 번 듣기 때문이다. 수십 번 들으면 저절로 배 우게 되고, 좋아하게 되어 있다.

여러분은 학교에서 배운 노래를 처음부터 끝까지 부를 수 있 는 곡이 몇 곡이나 되는가? 우리는 학교에 다니면서 많은 노래를 배웠다. 1년에 10곡씩만 배웠다 하더라도 초·중·고등학교 어림잡아 100곡이 넘는다. 그 많은 노래를 배웠는데 기억하고 있는 곡이 몇 곡이나 되는가?

왜 그럴까? 중학교 때 배운 홍난파 작곡 '봄 처녀'란 곡을 기억할 것이다. 평생 살면서 그 곡을 몇 번 듣고 불렀을 것 같은가? 아무리 많아도 20번을 넘지 않을 것이다. 기껏해야 수업 시간에 몇 번 듣고 부른 것이 전부일 테니 말이다. 그러나 노래방에서 '애창곡'으로 부르는 노래는 몇 번을 듣고 불렀을까? 개인에 따라 차이가 있겠으나 최소 수 십 번은 될 것이다. 그 노래가 유행할 당시 원치 않았더라도 길거리에서, TV에서, 카페에서 수도 없이 들었을 것이고, 최소한 '봄 처녀'보다는 여러 번 불렀을 것이다. 그러니 그 곡이 '애창곡'이 되는 것은 당연하다. '봄 처녀'는 들은 경험과 부른 경험에서 애창곡이 되기 힘들다.

보통 사람이 대중음악을 들은 시간은 예술음악을 들은 시간과 비교조차 할 수 없이 많다. 그렇기 때문에 예술음악보다는 대중음악을 좋아하고 잘 부르는 것은 당연한 결과다. 흔히 들을 수 있는 것이 대중음악이고 그러다 보니 이해하기가 쉽기 때문이다. 대중음악의 수요층이 예술음악보다 훨씬 두터운 것은 당연한 결과다.

수준 높은 음악을 즐기는 것은 왜 중요한가? 그것은 '아름다움'을 지닌 예술이기 때문이다. 수준 높은 예술음악을 즐길 수 있다면 더욱 풍성한 삶을 살 수 있기 때문이다. 대중음악은 그 수명이 길지 않다. 그 음악에 열광하던 대중은 몇 달만 지나면 다른 음악에 열광한다. 그 음악의 그 깊이와 예술성 때문이다. 몇 백 년 전의 모차르트가 작곡한 곡이 아직도 사랑을 받고 있는 것은 그 예술성 때문이다. 이왕이면 우리의 아이들에게 좋은 음악을 즐길 수 있는 기회를 주는 것은 어떨까?

잘하고 싶은 음악을 듣고 또 들어라. 또 가르치고 싶은 음악을 들려주고 또 들려주어라. 본인이 음치라고 생각하는가? 타고난 음치는 없다는 것이 음악 교육학계의 정설이다. 부르고 싶은 노래를 듣고 또 듣고 자주 불러 본다면 음치에서 벗어날 수 있다.

들어보지 않고, 불러보지 않은 곡은 잘 부르기 어렵다. 잘 배우려면 여러 번 듣고 불러야 한다. 아무리 좋은 곡이라고 학교에서 강조하여 배웠어도 들을 기회가 적으면 배우기도 어렵고 기억하기도 어려우며 잘 부르기는 더욱 어렵다. 그러므로 음악을 잘 배우고 음악 적성을 기르려면 음악을 많이 듣고, 많이 부르고, 연주하는 경험의 기회가 많아야 한다.

아이들에게도 같은 원리가 적용된다. 음악 시간의 '노래 부르기 수행평가'를 잘하고 싶은가? 그 곡을 잘 부른 사람의 것을 듣고 또 듣고, 부르고 또 부르면 반드시 그 수행평가에서 높은 점수를 받을 수 있을 것이다.

항상 쓰는 모국어는 누구나 잘 배우듯이 많이 음악을 경험하는 것, 즉 많이 듣고 연주하는 것이 음악을 배우는, 음악 적성을 키우는 지름길이다.

음악 적성을 계발하는 데
주의할 점은 무엇인가

필자는 미국의 필라델피아에서 유학을 하였다. 필라델피아는 미국의 첫 수도이며, 제일 먼저 세워진 도시다. 유학 당시 흑인이 많았던 이 도시의 문맹률은 무려 40%이었다. 이 도시의 TV 공익 광고 중에는 이런 것이 있었다.

"여러분의 아이가 만 아홉 살이 되었는데도 아직 읽고, 쓰는 것을
못한다면 조심하십시오. 지금 글을 가르치지 않는다면 평생 글을
배우기 어려울 것입니다."

아이에게 늦지 않도록 글을 가르치라는 광고다. 특정 나이가 지나면 글을 배우기도 쉽지 않다는 것을 이야기하는 광고이기도 하다.

모국어를 읽고, 쓰는 것을 제 나이에 배웠다면 어른이 되어도 새로운 외국어를 배우고 쓰는데 별로 어려움을 겪지 않는다. 그러나 모국어를 읽고, 쓰는 것을 배우지 못한 사람이 외국어를 읽

고, 쓰는 것을 배우는 것은 상상할 수 없다.

우리나라는 문맹률이 매우 낮은 나라다. 한글의 우수성 때문이기도 하고 교육에 많은 열정을 가진 사람들이기 때문이기도 하다. 그러나 어릴 때 학교를 다닐 수 없어 글을 배울 기회를 잃은 어르신들이 나이 들어 한글을 배우려면 무척 어려움을 겪는 모습을 볼 수 있다. 글을 배우는 것도 다 때가 있기 때문이다.

오래 전 미국 선교사가 하는 특강을 들을 기회가 있었다. 그 선교사는 글이 없는 아프리카 한 부족에서 성경을 번역하는 일을 하고 계셨다. 일단 말을 배우고 그 말의 글을 로마자로 만들고 만들어진 글로 성경을 번역하는 일을 하게 된다. 성경을 번역하는 데 가장 어려운 점은 무엇이겠는가? 그의 경험에 의하면 말은 오랜 시간을 두고 배우면 된다고 하였다. 말을 알면 소리 나는 대로 로마자로 적어서 글을 만드는 것도 별로 어려운 일이 아니라고 하였다. 가장 어려웠던 점은 만들어진 글을 그 부족에게 가르치는 일이라고 하였다. 글을 만들면 뭐하는가? 그 글을 부족민들이 써야 할 것 아닌가? 그래야 성경을 번역하는 것도 의미가 있지 않겠는가?

선교사는 그 부족 사람들에게 글을 가르치는 일은 거의 불가능하였다고 하였다. 평생 문자를 본 적이 없는 사람들이라 □와 ○도 구별하지 못하더라고 하였다. 그 사람들이 바보라 그런가? 아니다. 그런 사람들이 선교사는 아무리 봐도 똑같은 새의 발자국들은 기가 막히게 구별하더란다. 어릴 때부터 많이 봐 온 비슷비슷한 새의 발자국은 잘 구별하지만 문명과 거리가 먼 부족민들에게 문자를 구별하는 것은 어려운 일이었던 것이다. □와 ○도 구별하지 못하는 사람이 어떻게 글자를 배울 것인가? 그래서 택한 방법이 어른들은 포기하고 어린아이부터 가르친다고 하였다. 어린아이를 가르쳐 10여년이 지나면 그 아이가 직접 성경을 번역하는 일을 돕는다고 한다. 이것이 나이의 위력이다.

음악을 배우는 데도 나이가 중요하다. 음악을 배우는 사람이면 누구나 음악을 잘하고 싶어 한다. 한 가지 악기 정도는 멋지게 연주해야 할 것 같고, 노래도 잘 부르고 싶다. 이런 마음은 우리의 자녀를 생각하면 더욱더 간절해진다. 내가 못하니 내 아이만이라도 잘했으면 하는 것이 부모의 공통된 마음이다.

필자는 교육대학교에서 학생들에게 피아노 반주법을 가르친 적이 있다. 교대 학생들은 졸업 후 초등교사가 된다. 초등교사는 모든 과목을 다 가르쳐야 한다. 음악도 가르쳐야 하기 때문에 교대생이면 누구나 반주법을 수강해야 한다. 그런데 교대생들 중 어릴 때 한두 달이라도 피아노를 배워 본 경험이 있는 학생들과 피아노를 처음 대하는 학생들 간에는 배움의 속도 차이가 많이 났다. 어릴 때 기껏해야 한두 달 배운 피아노 실력이야 별거 아니라 하더라도 그동안 쌓인 잠재력은 나중에 많은 차이를 가져다준다.

비록 가지고 태어난 것이 차이가 난다하더라도 어릴 때의 좋은 음악을 많이 경험한다면 음악 적성 계발의 가능성은 무궁무진하다. 중요한 점은 '어릴 적' 경험이 중요하다는 사실이다. 음악학자들에 의하면 만 9세를 기점으로 잠재력 계발의 가능성이

급격히 줄어든다고 한다.

　음악 적성 연구에 있어 많은 업적을 남긴 학자인 고든(Edwin E. Gordon)은 "모든 사람은 특정 수준의 음악 적성을 가지고 태어난다. 이 음악 적성은 만 9세 정도가 될 때까지 음악적 환경에 따라 변하며 그 후에는 고정된다."라고 하였다. 만 9세까지의 환경과 교육적 영향에 의하여 음악 적성이 변한다는 것이다. 만 9세 이전에는 음악 적성 계발이 가능하다고 해서 '유동적 음악 적성(Developmental Music Aptitude)'이라고 부르며 9세 이후의 음악 적성은 변하지 않는다고 해서 '안정적 음악 적성(stabilized music aptitude)'이라고 부른다. 평생 음악 학습의 잠재력인 음악 적성은 만 9세 이전에 형성된다는 것이다.

　9세 이후에 음악 적성이 변하지 않는다는 뜻은 9세 이후에는 음악을 배울 수 없다는 뜻은 아니다. 나이가 들어도 외국어를 배울 수 있는 것과 같은 이치다. 나이가 들어도 악기를 배우고 새로운 노래를 배울 수 있다. 그러나 잠재력을 계발할 수는 없다. 그것을 언어로 예를 들어 설명하면 다음과 같다.

　나이가 들면 이민을 가서 아무리 오래 살아도 그 나라 언어를 모국어처럼 말하기는 불가능하다. 하지만 어릴 때 외국에 이민을 가게 된다면 외국어라 하더라도 모국어처럼 할 수 있게 된다. 이것은 언어의 학습 잠재력 때문이다. 어른은 언어의 학습 잠재력이 고정되어 새로운 언어를 완벽하게 배울 수 없으나, 아이는 언어의 잠재력이 아직 고정되지 않아 새로운 언어를 완벽하게 배울 수 있는 것이다.

엄마와 초등학생 딸이 같이 피아노를 배우기 시작했다고 가정
해 보자. 처음에는 엄마가 잘할지 몰라도 1년만 지나면 분명히
초등학생 딸은 엄마의 실력을 추월한다. 그것이 소리로 배우는
음악의 특성이다. 그리고 어릴 때 배운 음악의 잠재력은 그 사람
의 일생을 좌우한다.

음악 적성의 형성은 선천적, 후천적 모두 영향을 받는다.
출생한 후에도 만 9세까지는 경험하는 것에 따라 많이 좌우된
다. 출생 후 어떤 환경에서 자라느냐가 매우 중요하다. 그러므로
만 9세 이전의 음악적 경험은 매우 중요하다.

언제 음악 공부를
시작해야 할까

음악의 잠재력을 키우는데 나이가 중요하다고 앞에서 강조하였다. 어릴 때의 음악 교육이 중요하다면 구체적으로 언제 음악 공부를 시작해야 할 것인가? 음악 공부를 언제 시켜야 하는가 하는 것은 말을 언제부터 가르치면 좋을 것인가를 물은 것과 같은 질문이다. 앞에서 음악을 배우는 것은 모국어를 배우는 것과 흡사하다고 언급하였다. 말을 시작하는 시기는 어린아이마다 차이가 있다. 돌 전부터 엄마 아빠를 말하기 시작하는 아이가 있고, 만 3세나 4세가 되어도 몇 마디 못하는 아이들이 있다.

아이는 태어나는 그 순간부터 부모나 주위의 사람으로부터 말을 무수히 듣는다. 다만, 조금 빨리 시작하는 아이가 있고, 조금 늦게 시작하는 아이가 있을 뿐이다. 차이는 있지만 정상이라면 만 여섯 살이 될 때까지 말을 못하는 아이는 드물다.

모국어는 너무 어릴 때 무의식적으로 습득하기 때문에 보통 자신이 어떻게 말을 배웠는지 잘 기억할 수가 없다. 우리 가족의 영어 학습을 예로 들어 설명해 보자. 우리 가족 중 남편은 언어

쪽에 관심이 많고 재능이 있는 것 같다. 대학교에서 교양과정 선택을 할 때도 독어, 불어, 그리스어 등을 선택해서 들었을 정도로 언어에 관심이 많다. 어릴 때 시골에서 자랐음에도 영어를 꽤잘하는 편이어서 대부분의 베이비 붐 세대가 겪은 어려운 시절, 결혼 비용을 번역 아르바이트를 해서 마련했을 정도였다.

반면 나는 중학교 1학년 때 영어에 흥미를 잃어 버리고 중·고등학교 내내 영어 때문에 고생을 했다. 나이가 서른 살이 넘도록 긴장되는 일이나 어려운 일이 있으면 영어 시험문제를 받고 하나도 몰라서 끙끙대는 똑같은 꿈을 계속적으로 꾸었을 정도로 영어는 못했을 뿐만 아니라 스트레스였다. 내 나이 또래의 모든 사람이 그렇듯이 학교에서는 영어 듣기나 말하기를 단 한 번도 교육받지 못하였다. 미국에 가기 전까진 네이티브 스피커랑 영어로 대화는커녕 가까이에서 외국인을 본적도 없었다. 단지 글을 읽고 쓰는 문법 중심의 영어 교육을 받을 뿐이었다.

그런 우리 부부가 만 2세가 된 딸을 데리고 유학길에 올랐다. 처음에 미국에 도착했을 당시 나는 물론 영어를 잘한다는 남편조차도 가게에서 음료수 하나 사기에도 어려움을 겪었다. 그리고 몇 년 후 어떤 일이 벌어졌을까? 우리 세 가족 중 누가 영어를 제일 잘하게 되었을까? 물론 딸이다. 우리 딸은 어린 나이에도 불구하고 몇 년 지나자 미국인처럼 영어를 할 수 있었다. 한국식 악센트도 없고 그 나이 또래의 다른 아이들과 별 차이가 없을 정도로 영어를 할 수 있었다. 그러나 나나 남편은 말은 좀 늘었으나 여전히 외국인이 하는 영어를 데데(?)거리며 하고 있었다.

왜 그랬을까? 우리 딸은 천재고 우리 부부는 모자라서 그랬을까? 물론 아니다. 단지 나이 때문이었다. 즉, 말은 소리로 배우는 것인데 소리로 배우는 것은 어릴 때 그 배우는 능력이 최고이고 나이가 들면서 그 능력이 떨어진다. 서른 살에 미국에 간 나 같은 사람은 30년을 미국에 살아도 외국인 악센트를 가진 영어를 할 수 밖에 없다.

우리나라에서 활동하는 외국인 연예인들을 보자. 나이가 들어서 한국에 온 사람은 아무리 한국에 오래 살아도 한국말을 하는데 외국인의 악센트가 있다. 그래서 우리는 그 사람이 외국인인지 금방 알 수 있다. 그러나 어릴 때 한국에서 자란 사람은 얼굴 색깔이 달라도 완벽하게 한국말을 구사할 수 있다.

언제부터 음악을 배우면 좋을까? 음악도 소리로 배우는 예술이기 때문에 어리면 어릴수록 그 효과가 크다. 듣기로 배우는 것은 어릴수록 그 능력이 뛰어나기 때문이다. 아이가 영어 DVD를 보거나 원어민 강사에게 영어를 배울 경우 완벽한 발음을 따라 하는 것은 어리기 때문이다. 어른은 영어 DVD를 아무리 많이 본다 한들 아이들처럼 그 발음을 완벽하게 따라 하기는 힘들다. 요사이는 원어민에게 영어를 어릴 때부터 배우는 어린이들이 많기 때문에 요즘 아이들은 우리 어른들보다 영어 발음이 아주 좋다.

그렇다고 음악 레슨을 아주 어릴 때부터 시키라는 이야기는 아니다. 말을 일찍 가르치겠다고 아기 때부터 학교에 보내는 사람은 없다. 말은 저절로 주위에서 들으면서 배운다. 음악도 자연스럽게 주위에서 들으며 배울 수 있게 해야 한다. 학교 교육은 아이들이 말을 잘할 수 있을 때 시작하는 것이다. 학원이나 레슨 등도 마찬가지다. 학교 가기 전에 말을 배워야 하는 것처럼 음악을 정식으로 배우기 전에 음악에 대한 기초가 있어야 한다. 즉, 가르치고 싶은 음악을 많이 들어 경험하게 해야 한다. 대중 가수를 만들려면 대중음악을 많이 들려주어야 하고, 재즈 피아니스트를 만들려면 재즈를 많이 들려주어야 한다. 물론 클래식 음악을 잘하게 하려면 클래식 음악을 들을 기회를 많이 주어야 한다. 들어서 쌓인 음악 실력이 눈에 보이지는 않지만, 나중에 정식으로 악기를 배운다거나 노래를 하게 되면 쌓였던 실력이 나오게 되는 것이다.

음악을 경험하지 못한 아이에게 정식으로 레슨을 시작하는 등 음악을 정식으로 가르치는 것은 한국말을 못하는 아이에게 말을 배우라고 국어 논술학원에 보내는 것과 같다. 우리는 아이에게 음악을 가르치기 시작하면 보통 악보부터 가르친다. 이것은 한국말을 못하는 사람에게 한글을 가르치는 것과 같다. 한글을 소리 내어 읽을 수 있다고 해서 한국말 실력이 있는 것은 아니다. 우리가 영어를 소리 내어 읽을 수 있는 것과 그 문장을 이해하는 것과는 다른 문제이기 때문이다. 배우는 능력이 큰 어릴 때 여러 가지 음악을 들어 경험하게 함으로써 음악의 기초를 다져 주어야 한다. 음악을 경험시키라는 것은 바이올린을 잘 잡기도 어려운 3세 어린아이에게 바이올린을 가르치란 이야기가 절대 아니다.

가르치고 싶은 음악을 어릴 때 많이 들려주어라. 어릴수록 그 효과는 엄청나다. 그것이 음악을 잘하게 하는 중요한 원리다.

음악은 어떻게 가르쳐야
효과적일까

음악 적성을 키우려면 어릴 때 음악을 경험하는 것이 중요하다. 그렇다고 일찍부터 악기를 배우는 학원에 보내거나 레슨을 시작할 필요는 없다고 앞에서 기술하였다. 그렇다면 어떻게 음악을 가르쳐야 할까? 어떻게 가르치는 것이 효과적일까?

우리가 모국어를 배우는 것을 다시 살펴보자. 갓 태어난 아이에게 말을 가르치겠다고 서두르는 부모는 없다. 왜냐하면 우리는 경험으로 시간이 지나면 자연스럽게 말을 배울 것이라고 믿기 때문이다. 그렇지만 아이가 말을 자연스럽게 배울 것이라고 아이에게 말을 하지 않는다면 어떤 일이 일어날까? 물론 말을 배울 수 없다. 요사이 우리나라에도 외국인 가사 도우미들이 있다. 한국말이 서투른 가사도우미에게 아이를 맡길 경우 상대적으로 한국말을 늦게 배우는 것을 관찰할 수 있다. 그리고 아이가 가사 도우미의 서툰 억양을 따라 배우거나, 심지어 도우미의 모국어를 더 잘 구사하는 경우도 있다.

가장 많이 듣는 음악을 배우게 되어 있다. 가르치고 싶은 음악을 많이 들을 기회를 주어라. 클래식을 가르치고 싶으면 좋은 클래식 음악을 많이 들려주어라. 밥 먹을 때도 듣게 하고 장난감을 가지고 놀 때도 듣게 하라. 하지만 단순히 듣게 하는 것이라도 그리 만만한 일은 아니다. 가장 확실한 것은 집에서 아이를 키우는 엄마가 클래식 음악을 즐겨 듣는 것이다. 그러면 아이는 저절로 그 음악을 배울 것이다. 주목해야 할 슬픈 사실은 그 부모의 수준만큼만 아이를 키울 수 밖에 없다는 사실이다. '개천에서 용 난다'는 것은 아주 예외적인 일이다. 엄마는 대중음악만을 들으면서 아이가 클래식 음악을 잘하기를 기대하는 것은 무리다. 강제적으로, 계획적으로 하는 일은 한계가 있기 때문이다. 좋은 음악을 즐길 줄 아는 부모 밑에서 좋은 음악을 즐길 줄 아는 아이가 키워질 가능성이 높다.

아이에게 음악을 가르친다고 하면, 일단 아이를 학원에 보내거나 개인 레슨을 시작하는 것이 보통이다. 학원이나 개인 레슨을 시작하면 어떻게 음악을 가르치는가? 아무리 어린 나이라도 보통 악보부터 가르치기 시작한다. 이것은 잘못된 교육이다.

한국말을 모르는 아이에게 한글을 가르치는 것이 의미가 있을까? 얼마 전 제자가 놀러왔다. 제자에게는 8개월 된 아기가 있었는데 얼마 전부터 한글나라를 가르치기 시작했다고 한다. 집에는 '가갸거겨……'가 쓰인 포스터를 붙여 놓고 각종 그림이 곁들어진 한글 카드도 붙여 놓았다. 심지어 영어 알파벳 포스터도 붙여 놓았다. 8개월 된 아이에게 한글을 가르치는 것이 가능할까?

영어 알파벳을 가르치는 것이 과연 의미 있는 일일까?

한글이라는 것은 우리나라 말을 문자로 만들어 놓은 우리의 약속이다. 말을 상징화하여 약속하고 같이 쓰는 것이다. 모든 문자가 그렇다. '어머니'란 한글은 '어머니'의 뜻을 알 때 비로소 그 힘을 발휘하는 것이다. 소리 내어 그 글자를 읽을 수 있으면 무엇 하겠는가? 그 뜻을 모른다면 무슨 소용이 있겠는가? 그렇기 때문에 언어의 발달 수준을 무시한 한글 교육은 소용이 없다.

한글을 너무 일찍 가르치는데 또 다른 큰 문제가 있다. 아이들이 소리의 상징인 글의 원리를 이해하려면 그 논리적인 수준과 인지적 발달이 같이 이루어져야 한다. 서너 살의 어린 아이에게 숫자 쓰는 것을 가르쳐 본적이 있는가? 아이들은 보통 '2'자와 '5'자를 혼동하며, 2자를 거꾸로 쓰거나 뒤집어서 쓴다. 아이들은 보통 'ㄷ', 'ㄹ' 등을 뒤집어 쓴다. 영어에서는 'b'와 'd'를 흔히 구별하지 못한다. 아이에게 글을 가르치는 엄마의 입장에서는 속이 터지는 일이 아닐 수 없다. 수십 번을 가르쳐도 어느 순간에 보면 뒤집어 쓰고 있다. 그러나 그건 아이가 모자라서가 아니다. 아이의 지적 발달상 '2'자와 '5'자를 구별할 수 있는 능력이 아직 없기 때문이다. 즉, 아이의 눈에는 똑같이 보인다는 것이다.

이렇게 준비가 안 된 아이를 데리고 글을 가르치니 배우는 데 오래 걸릴 수밖에 없다. 아이 입장에서 보면 맞게 쓴 것인데 엄마는 틀렸다고 야단을 친다. 스트레스 쌓이는 일이다. 그렇게 되면 아이는 공부만 하자고 하면 기겁을 한다. 역효과인 것이다. 이것이 지나치면 아이가 원형 탈모증이 걸릴지도 모르는 일이다. 실제로 아이들이 공부의 스트레스 때문에 원형 탈모증 환자가 늘어나는 것이 현실이다.

하지만 준비가 잘된 아이는 글을 배우는데 스트레스를 받지 않고 즐길 수 있다. 교육학자들은 만 6세가 되면 모국어의 글을 배울 준비가 된다고 생각한다. 그래서 정식 학교 교육도 만 6세가 되어 시작하는 것이다. 만 6세가 되어 한글을 가르치기 시작한다면 대부분의 아이는 2, 3개월이면 한글을 뗄 수 있다. 나이가 들면 심지어 가르치지 않아도 스스로 글을 깨우치는 아이도 있다. 준비가 되어 있는 아이는 한글을 배우는 데 어려움을 겪지 않는다. 그러나 너무 어려서 한글을 가르치려고 들면 시간도 오래 걸릴 뿐 아니라 오히려 역효과가 난다. 아이는 공부라면 진저리를 칠 것이기 때문이다.

한글을 몰라서, 맞춤법을 몰라서 소설을 못 쓰는가? 아니다. 창의력이나 상상력, 문장력이나 다양한 경험이 없어서 소설을 못 쓰는 것이다. 진정한 교육은 일찍부터 한글을 가르치는 것이 아니다 다양한 경험으로 창의력과 상상력을 길러 주고, 진정한 한국말 실력을 길러 주어야 한다. 우리는 아이에게 맞춤법만 가르치고 있지 않은지 반성해 봐야 할 대목이다.

필자도 큰 아이를 키울 때 하도 책을 읽어 달라는 아이가 귀찮아서 빨리 한글을 깨우쳐 혼자 책을 읽었으면 하고 바란 적이 있다. 그런데 한글을 뗐음에도 계속 책을 읽어 달라고 하는 아이를 보며 이상하게 생각한 적이 있다. 한글을 꽤 잘 읽게 되었음에도 그림책만을 고집하는 아이를 보며 이상하게 생각한 적이 있다. 그리고 빨리 그림책을 떼고 글씨가 빽빽하게 들어 있는 두꺼운 책을 읽기를 원했다. 지금 생각하면 잘못 생각한 것이다. 그림책은 아이의 상상력을 기르는 데 아주 중요한 역할을 한다는 사실을 간과한 것이다.

또 아이에게 책을 읽어 주는 것은 여러 가지 의미에서 중요하다는 것을 몰라서 어리석은 생각을 한 것이다. 책을 읽어 주는 것은 아이의 언어 실력을 늘려 주는 가장 좋은 방법이기도 하고, 엄마의 사랑을 표현하는 길이기도 하다. 그런 활동을 통해 엄마와의 유대관계가 자라고, 정신적으로 건강하게 자랄 수 있는 밑거름이 되리라 생각한다.

단순한 일상 대화만으로는 언어 실력을 늘리는 데 한계가 있다. 초기에는 어른이 책을 읽어 주는 과정에서 언어 실력이 자란다. 사람은 눈으로 보는 말보다는 들은 말을 더 잘 기억하고, 잘 쓸 수 있기 때문이다. 미국의 초등학교에는 고학년이 되어도 담임교사가 책을 읽어 주는 시간이 있다. 아이들이 글을 읽을 줄 알아도 책을 읽어 주는 것을 멈추지 않는다. 왜냐하면 아이의 언어 발달이나 아이가 책에 흥미를 가지게 하는 지름길이기 때문이다. 우리 아이도 담임교사가 읽어 주던 책의 뒤가 궁금해서 그 책을 구해 읽는 것을 여러 번 보았다. 어려서 한글을 가르치기보다는 이야기를 해 주고 책을 읽어 주어라.

다른 언어인 영어에 대해 생각해 보자. 우리는 오랫동안 영어를 배웠다. 그런데 우리 어른들이 왜 외국에 나가면 길 물어보는 정도의 영어도 자신이 없는가? 영어 교육이 적어서인가? 아니다. 학교 다니면서 영어 때문에 얼마나 스트레스를 많이 받았는가? 얼마나 많은 시간을 영어 학습에 투자했는가? 결코 그 시간이 적다고 생각지 않는다. 영어를 말하기 어려운 이유는 교육방법 때문이다. 우리 세대는 영어를 말로 배운 적이 없다. 글로 배웠다. 그래서 간단한 영어를 읽고 이해하는 것은 어렵지 않아도, 간단한 영어를 말하는 데는 어려움을 느낀다. 영어로 말을 잘하려면 말로 영어를 배워야 한다.

또, 영어를 잘하려면 일단 모국어인 한국말을 잘해야 한다. 우리 큰아이는 필자의 상황에 따라 여러 나라에서 살 기회가 있었다. 한국에서 태어나서 필자가 유학을 가는 바람에 만 두 살이 좀 지나 미국으로 가서 6년간 살았다. 그 뒤에는 또 일본에서 2년간 살며 일본 공립학교를 다녔다. 우리 아이는 좋게 말하면 세 가지 언어의 경험을 자연스럽게 한 것이다. 감사한 일은 그런 경험 때문에 악센트 없이 세 가지 언어를 구사할 수 있다. 영어로 말하는 것을 들으면 미국인 같고, 일본어로 말하는 것을 들으면 일본인 같으며, 한국말 하는 것을 들으면 한국인 같다. 그러나 나쁘게 이야기하면 한 가지 언어도 잘하는 것이 없다. 조금 어려운 단어는 어떤 언어로도 이해하지 못한다.

우리는 영어로 모르는 단어가 나오면 영한사전을 찾으면 대부분 그 뜻을 이해할 수 있다. 그러나 우리 아이는 모르는 단어가 나오면 이해할 방법이 없었다. 'wharf'라는 단어를 모른다고 해 보자. 사전을 찾으면 '부두' 혹은 '선창'이라는 뜻이 나온다. 이런 경우 우리는 당연히 '부두'나 '선창'이란 단어를 이해한다. 그러나 우리 아이는 '부두'나 '선창'이란 단어 모두를 이해하지 못하니, 'wharf'란 단어를 이해하기가 쉽지 않은 것이다. 영어도 한국말도 이해를 못한다. 아이의 지적 성장에는 너무 일찍 여러 나라 언어를 배우는 것이 결코 도움이 되지 못한다. 사람의 지적 수준은 언어의 이해 수준과 상관이 있기 때문이다.

우리나라에서 활동 중인 유명한 번역가들을 보면 어릴 때 외국에 가서 살아 그 외국말을 네이티브처럼 잘하는 사람은 오히려 적다. 어른이 되어 한국말을 충분히 잘하는 상태에서 유학을 하였거나, 외국에서 살아 본 적이 없는 한국 토종일 경우가 많다. 한 가지 언어를 잘할 수 있어야 다른 언어를 잘할 수 있다. 그러므로 어릴 적에는 영어 교육보다는 모국어 교육이 훨씬 중요하다.

이 언어 교육의 원칙이 음악 교육에도 똑같이 적용된다. 음악은 소리이기 때문에 악보를 먼저 가르치는 것은 의미가 없을 뿐만 아니라 효과도 없다. 그럼 음악적 경험이란 무엇인가? 음악적 경험이란 언어 교육에서의 듣기와 말하기다. 음악에서 말하기란 연주하기다. 노래하고 악기를 연주하는 것을 말한다. 아이에게 마음껏 노래하고 연주하게 하라.

어린아이에게 바이올린이나 피아노를 연주하게 하라는 이야기가 아니다. 아이가 처음으로 음악적인 행동, 노래를 따라 부르거나 물건으로 소리를 내는 등 음악적인 행동을 하게 되면 그 행동을 칭찬하라. 처음에 부르는 노래가 노래답지 못하더라도 마음껏 칭찬하고 격려하라. 아무거나 두드려 시끄럽더라도 소리로 하는 모든 행동을 장려하라. 너무 시끄러우면 소리가 적게 나는 물건으로 바꿔 주면 된다. 소리를 탐색하고 경험하는 모든 일이 음악의 기초가 된다. 특히 그런 행동을 처음 보였을 때 부모의 반응이 아이들의 음악 적성을 좌우하게 될 것이다. 우리 주위에 노래 불렀을 때 창피를 당한 경험 때문에 본인은 음치라고 생각하고 평생 움츠려 사는 사람을 흔히 볼 수 있다.

어린아이에게는 소리가 나는 어떤 것도 악기가 될 수 있다. 아이들은 소리가 나는 것을 좋아한다. 냄비 뚜껑도 좋고 방바닥을 두드려도 좋다. 어떤 것이라도 다양한 소리를 탐색하게 하고 실제 음악을 따라하게 하라. 손뼉이나 숟가락을 치면서 노래 부를 수도 있고 춤을 추면서 노래 부를 수도 있다. 신체를 움직이는 것도 좋은 연주다. 음악 교육 학자들은 음악 적성과 신체의 움직임이 깊은 관련이 있다는 것을 이야기한다. 정식 악기가 아니어도 좋다. 소리가 나는 물건이나 신체를 이용한다면 어떤 활동도 음악 적성 발달에 도움이 된다. 그 단계가 조금 지나면 간단한 타악기 등 쉽게 시작할 수 있는 악기들이 있다. 조그만 타악기로 리듬 연주하기, 실로폰 소리 내보기 등은 훌륭한 음악 공부다. 이런 종류의 활동이 많으면 많을수록 나중에 정식으로 악기를 배우는 데 도움이 된다.

악보는 소리를 옮겨 놓는 수단이다. 악보는 읽어서 그 적어 놓은 소리를 상상할 수 있을 때 배우는 것이 옳다. 어떤 단어나 문장을 읽었을 때 그 물건이나 상황이 상상되어야 하는 것처럼 말이다. 악보가 소리의 상징인 것을 충분히 이해할 나이가 되어 음악을 배운다면 악보부터 배우는 것도 가능하다. 그리고 효과적일 수 있다. 그러나 어린아이의 경우 음악을 배우는 데, 악보부터 배우는 것은 도움이 될 수 없다. 모국어를 배우는 것처럼 듣고, 말하고, 읽고, 쓰는 순서로 음악도 가르쳐야 한다. 음악을 듣고, 연주하고, 읽고, 쓰는 순서로 배우게 하라.

아이와 즐겁게 음악 공부를
할 수 있는 방법은 없을까

아이에게 가장 좋은 자극제는 부모의 관심이다. 어린아이의 가장 큰 관심사는 부모다. 그러므로 아이가 음악에 반응하고, 음악적인 활동을 하면 격려하고 칭찬하는 것은 매우 중요하다. 아이가 처음으로 노래를 불렀다고 가정해 보자. 어린아이가 처음으로 부르는 노래가 어떻겠는가? 당연히 음정도 부정확하고 어떻게 보면 노래 같지도 않을지 모른다. 그러나 아이가 부르는 노래를 들었을 때 부모는 무조건 칭찬하고 진심으로 좋아하고 축하해 주어야 한다. 그랬을 때 아이는 또 노래를 부르고 싶어 한다. 많이 불러야 노래를 잘 부를 수 있다.

만약에 처음 노래를 들은 엄마의 반응이 영 시원치 않다면 아이는 노래 부르기를 좋아하지 않게 될 것은 뻔하다. 우리 주위에 자신이 '음치'라고 믿는 사람들은 대부분, 본인이 알든 모르든, 본인의 노래에 대한 '트라우마'가 있기 마련이다. 집에서 노래를 불렀는데 가까운 사람에게 비웃음을 받았다든지, 혹은 처음으로 학교에서 독창을 했는데 아이들이 웃으며 놀렸다든지,

교사에게 면박을 받았다든지 하는 경험은 아이를 '음치'로 만든다. 하지만 반대로 우연히 노래를 불렀는데, 교사에게 극적으로 칭찬을 받았다면, 그 경험은 아이를 가수로 만들 수도 있다. 그러므로 가장 중요한 것은 가장 가까운 사람의 긍정적인 관심이다.

아직 어린 우리 아이와 즐겁게 음악을 경험할 수 있는 방법은 무엇일까? 다시 이야기하지만 어린아이를 음악 학원에 보내거나 레슨을 시키라는 이야기가 아니다. 가장 좋은 음악 경험은 음악을 듣는 것이다. 앞에서도 이야기했듯이 부모가 먼저 음악을 좋아하고 자주 즐겨 들어야 한다. 그것이 가장 좋은 방법이다.

아이에게 효과적으로 음악을 듣게 하는 방법은 무엇일까? 아이가 지루해하지 않고 음악을 즐기며 들을 수 있을까? 음악을 잘 듣는다는 것은 인내를 필요로 하는 일이다. 어린아이로서는 쉬운 일이 아니다. 이것은 좋은 음악이니까 잘 들어보라고 아무리 설명을 한다고 해서 될 일이 아니다. 그렇다고 붙잡아 앉혀 놓을 수도 없다.

어린아이의 음악 감상을 돕는 방법에는 여러 가지가 있다. 효과적인 방법 중 하나가 신체를 이용하는 일이다. 아이들은 몸을 움직이는 것을 무척 좋아한다. 아이들은 몸을 움직여 경험하였을 때 학습이 일어난다. 음악과 움직임은 깊은 관련이 있다. 돌이 안 된 아기들도 음악을 들었을 때 몸을 움직이기 시작한다. 두세 살의 아이들은 더 말할 것도 없다. 좋은 음악을 틀어 놓고 음악에 따라 아이의 몸을 움직이게 하라. 이것이 가장 좋은 음악 학습법이다. 아이들은 음악에 맞춰 몸을 움직이는 것을 행복해한다. 엄마나 교사를 따라 하게 해도 좋고, 반대로 아이에게 먼저 움직이게 하고 따라 해도 좋다. 아이가 좋아하는 음악을 들으며 온 가족이 춤을 출 수도 있다.

학자들은 아이들이 신체를 이용할 때 음악 학습이 더욱 효과적이라는 사실을 발견하였다. 달크로즈는 리듬 공부의 가장 효과적인 방법이 신체로 리듬을 표현하는 것이라고 하였다. 요사이는 학교 음악 시간에도 신체를 이용한 활동을 많이 하는 추세다.

좀 더 재미를 주려면 조그만 소품들을 이용하면 좋다. 다양한 색의 머플러나 예쁜 색의 긴 리본을 가지고 음악에 맞추어 흔든다든지 하면 더욱 효과적이다. 주위의 소리가 나는 장난감이나 물건을 이용하여 음악에 맞추어 두드려 보는 것도 좋은 활동이다. 소리가 나는 모든 물건은 악기가 될 수 있다. 또 주위의 물건을 이용하여 간단한 악기를 만들어 보는 것도 좋을 것이다. 예를 들어, 먹고 버린 요구르트 병이나 캔에 쌀이나 콩 등을 넣어 소리 나는 찰찰이를 만들 수 있을 것이다. 버린 상자를 예쁘게 색종이로 붙여 뒤집어 놓고 드럼처럼 소리를 낼 수도 있을 것이다. 같이 만들고 좋은 음악을 들으며 같이 연주해 보자.

음악을 들으며 움직임으로 음악을 표현했다면 이번에는 왜 그렇게 했는지 이야기로 표현해 보게 한다. 아이들은 이야기를 하면서 그 음악을 한 번 더 기억할 것이고 논리적으로 표현하려고 노력하게 될 것이다. 처음에는 한 단어나 문장으로 이야기를 시작하는 것도 좋다. 아니면 음악에 제목을 붙여 보는 것도 좋다.

또 음악을 들으며 그 음악을 그림으로 표현해 보는 것도 좋다. 어린 아이라 말로 표현하는 것에는 한계가 있을 수 있다. 그러나 그림으로 표현하는 것은 나이가 어려도 얼마든지 할 수 있다. 그림이 무엇을 상징하는지 몰라도 좋다. '음악을 들으며' 한다는 것이 중요하다.

다음은 음악을 들으며 쉽게 할 수 있는 활동들이다.

- 음악에 맞추어 몸 움직이기
- 음악 들으며 몸으로 표현하기
- 음악 듣고 음악에 대해 이야기하기
- 음악에 제목 붙이기
- 음악 듣고 그림그리기
- 주위의 물건을 악기로 사용하기
- 악기 만들기
- 음악 들으며 소리 나는 물건 혹은 악기 연주하기

우리 아이가
음악 영재가 아닐까[*]

'우리 아이가 영재가 아닐까?'

어느 부모나 아이를 키우면서 이런 생각을 한두 번은 해 보았을 것이다. 어느 날 아이가 배운 적이 없는 말을 하거나 어른과 다른 신기한 표현 등을 할 때 우리 아이가 영재가 아닐까 생각하게 된다. 그러나 영재는 많지 않다. 영재가 많다면 더 이상 영재가 아니기 때문이다. 그럼에도 불구하고 대부분의 부모가 아이를 키우면서 이렇게 느끼는 것은 어른과 다른 아이들의 능력 때문이다. 어른의 능력과 아이들의 능력은 차이가 있다. 아이들이 새로운 것을 받아들이고 배우는 능력은 어른들이 상상할 수 없을 정도로 크다. 그러나 아이들이 커 가면서 이런 아이들만의 특징이 없어지고 어른의 특징을 가지게 되면 많은 부모가 우리 아이는 '어릴 땐 똑똑했는데 커 가면서 바보'가 되어 간다고 느끼기도 한다. 어른이 되는 것이 아이의 특징이 점점 없어지고 다른

* 현경실(2006). "음악 영재의 이해와 선발". 『영재교육의 방법』. 서울: 미진사. pp. 136−181에서 발췌한 것임.

면이 발달하는 것이지, 바보가 되는 것은 아니다. 아이와 어른의 다른 점은 얼마든지 있다.

한 아이가 뛰다가 책상 모서리에 부딪혔다고 생각해 보자. 어른이라면 자신의 부주의를 후회할 것이다. 그러나 아이라면 자신의 잘못보다도 책상의 잘못이 크다고 느낀다. 물론, 아이도 이론적으로는 책상이 자기에게 와서 부딪힐 수 없다는 것을 알고 있다. 그러나 심적으로는 책상이 나에게 와서 부딪혔다고 느낀다. 아이들은 모든 사물을 자신과 같다고 생각하는 경향이 있다. 그렇기 때문에 옆에 계시던 할머니나 어머니가 책상을 야단쳐 주면 아이들은 마음의 위로를 받는다. 옛날 어른들의 지혜가 돋보이는 부분이다. 그들은 이론적으로 아이들의 특징은 몰랐어도 마음으로 아이들을 알고 사랑했다고 생각된다. 아이와 어른의 차이 때문에 우리 아이가 영재라고 오해하지는 말자.

그렇다면 어떤 아이들이 영재일까? 학자들이 말하는 영재의 정의는 무엇일까? 보통 사람들이 생각하는 영재란 일반 학습 능력과 관련이 깊다. 보통 '영재'라고 하면 '머리가 좋은 아이', '지능이 높은 아이'라고 생각하기 쉽다. 그러나 영재의 전문가들이 생각하는 영재는 '머리만 좋은 아이'는 아니었다. 영재의 정의에 관한 연구를 살펴보면, 대부분의 학자가 영재성을 '뛰어난 능력'으로 지칭하고 있으며, "가치 있는 영역 중 특정 영역에서 뛰어난 능력을 발휘하는 사람을 영재로 보아야 한다."고 하는 주장이 설득력이 있다. 그러니까 많은 분야의 영재가 있다.

영재 교육의 세계적인 권위자인 미국 코네티컷 대학교의 렌줄리(Joseph S. Renzulli) 교수의 세 고리 정의가 가장 대표적인 영재의 정의다. 렌줄리 교수는 높은 창의성, 높은 과제 집착력, 대단히 높을 필요는 없는 평균 이상의 지적 능력 세 가지를 모두 가진 사람을 영재라고 정의하였다([그림 1] 참조).

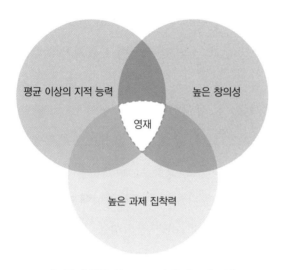

[그림 1] 렌줄리(Renzulli)의 세고리 모형

　렌줄리의 정의 중 가장 특이한 부분은 그가 영재의 조건으로 단지 '평균 이상의 지적 능력'만을 이야기했다는 것이다. '능력'이란 지적 능력만을 지칭하는 것이 아니라 지적 능력 외에 여러 가지 다른 능력도 포함한다. 일반적으로는 어떤 영역에서 뛰어난 업적을 이룬 사람들이 그 분야의 능력 면에서 매우 뛰어났을 것으로 생각하지만, 실제로 성공하기 위해서는 평균 이상 정도의 능력이면 충분하다는 것이다. 즉, 학문적으로 성공하려면 평균 이상의 지적 능력을 가지고 있고 창의력과 과제 집착력을 가지고 있다면 가능한 것이다. 이 점에 대해서 많은 사람이 의아하게 생각할 수 있다. 단지 평균 이상의 지적 능력만을 가지고 있으면 된다니 믿기 어려운 사실이다. 그러나 실제로 학생으로서의 학업 성취 정도와 성인으로서의 성공 사이에는 보통 생각하는 것보다 상관이 낮다는 보고가 많이 있다. 학자들은 학문적인 성공과 졸업 후의 성공 간에는 별로 관계가 없다고 보고하고 있다.

렌줄리가 제안한 영재의 세 가지 영역 중 가장 중요한 요소는 '창의성'이라고 한다. 우리는 일반적으로 아무것도 없는데서 뭔가 획기적이고 새로운 것을 만들거나 발명하는 것이 창의성이라고 막연히 생각한다. 그러나 창의성에 대한 학자들의 정의는 다르다. 길포드(Guilford)는 창의성을 '문제 해결력'으로 정의하였다. 다른 학자들은 창의성을 '문제 상황에서 새롭고 적절한 것을 만들어 낼 수 있는 능력', '주어진 문제나 감지된 문제로부터 통찰력을 동원하여 새롭고 신기하고 독창적이며 유용한 산출물을 만들어 내는 능력' 등으로 정의하였다. 어떤 분야에서 풀어야 할 문제를 찾아내지 못한다면 문제를 해결할 수 있는 창의력은 기대하기가 어려울 것이다. 문제를 발견하고 문제를 해결하는 능력은 그 분야의 전문가가 되지 않고는 발휘하기 어려운 능력이다.

창의성의 또 하나의 특징은 한 영역에서 창의적인 사람이 다른 모든 영역에서는 창의적이지 않을 수도 있다는 것이다. 가드너(Gardner)는 그의 다중이론에서 한 영역에서 높은 능력이 있다고 해서 다른 영역에서도 높은 능력을 보이는 것은 아니라고 밝혔다. 창의성 영역의 한정적 특성이 강조됨에 따라 특정 분야에서의 창의성을 보다 구체적이며 독립적으로 정의할 필요가 대두되었다.

영재의 또 한 가지 필수 요소인 '과제 집착력'이라 함은 어떤 한 가지 과제나 영역에 자신의 에너지를 집중시키는 힘을 일컫는다. 많은 학자는 뭔가를 성취하는데 과제 집착력의 중요성을 역설하였다. 영재에 관한 기념비적 연구를 한 터먼(Terman)은 성공에 영향을 끼치는 비지적(非知的) 요인을 알아내기 위하여, 영재 중에서 가장 성공한 자와 가장 실패한 자를 각각 150명씩 선정하여 면밀히 분석하였다. 그리고 성공 여부를 결정짓는 것은 '과제 집착력'이라고 밝혔다. 즉, 두 집단에서 가장 현저한 차이를 보인 성격 요인은 목표 달성을 위한 지속력, 통합력 및 자신감이라고 하였다.

그렇다면 영재라고 정의할 수 있는 사람은 얼마나 될까? 렌줄리에 의하면 어떤 분야에서 영재이기 위해서는 이 세 가지 특성 모두가 아주 뛰어날 필요는 없다고 한다. 각 특성이 상위 15%이며, 그중 한 요인에서는 적어도 상위 2% 이내에 속하는 사람을 영재라고 본다.

그러므로 세 가지 요소는 개인에게 같은 수준으로 나타나지 않는다. 개인별로 높은 지적 수준에 도달하지 않더라도 과제 집착력과 창의성이 높을 경우가 있으며, 반대로 높은 수준의 지적 능력을 보이지만 과제 집착력이나 창의성이 낮은 경우가 있을 수 있다는 점을 전제하고 있다.

지적 능력을 놓고 볼 때 IQ가 아무리 높아도 어떤 문제에 매달리는 과제 집착력이 없다면, 또 다양한 방식으로 문제를 보고 해결하는 창의력이 없다면 결코 영재라고 볼 수 없다.

필자는 중학교 교사를 5년간 하였다. 교사 생활을 하면서 한 가지 재미있는 사실을 발견하였다. 자신의 자녀가 지적 능력(IQ)이 낮다고 생각하는 부모는 거의 없다는 것이다. 학업 성적이 매우 부진한 아이의 부모라도 한결같이 믿는 바는 "우리 아이는 노력을 안 해서 그렇지 머리가 나빠서 공부를 못하는 것이 아니다."라는 것이었다. 이 말은 일리는 있으나, 어떤 의미로 보면 사실이 아니다. 학업성적을 좌우하는 것은 노력을 하는 '과제 집착력'도 IQ 만큼이나 중요한 요소이기 때문이다. 부모들이 놓치는 사실은 대부분의 학생이 노력을 하고 싶은데 '못하는' 것이지 '안 하는' 것이 아니라는 사실이다. 공부를 잘하고 싶지 않은 학생이 어디 있겠는가? 잘하고 싶어도, 열심히 노력하고 싶어도, 안 하는 것이 아니라 못하는 것일 때가 많다.

사람에게는 일반 학습 능력 외에 다양한 능력이 있기에 다양한 종류의 영재가 있다. 사람은 언어와 수리 능력이 주가 되는 일반 학습 능력 외에도 여러 가지 능력과 적성을 가지고 태어나며, 또 자라면서 길러진다. 음악도 하나의 독립적인 능력이다. 음악 영재는 영재의 일반적 정의에 특정 영역인 음악을 적용하여 정의되어야 한다. 따라서 '음악 영역에서 탁월한 능력을 발휘

하거나 발휘할 가능성을 가진 사람'을 '음악 영재'로 정의할 수
있다. 음악 영재는 다음의 세 가지 조건을 갖추어야 한다.

- 음악적 능력(음악 적성)
- 음악적 창의성
- 음악 과제에 대한 집착력

즉, 음악적 능력, 음악적 창의성, 음악 과제에 대한 집착력 모
두가 상위 15% 안에 들고 어느 한 능력이 상위 2% 안에 들면 렌
줄리의 정의에 의한 음악 영재가 되는 것이다. 음악 영재는 '음
악 관련 지적 능력 및 실천적 지적 능력이 높고, 강한 성취 동기,
호기심 등의 개인적 성향을 지니며, 음악 영역에서 뛰어난 성과
를 나타내거나 나타낼 잠재력이 있는 사람'으로 정의된다.
　음악 영재의 일반적인 특성을 살펴보면 다음과 같다.

- 음악에 관련된 분야에서 평균 이상의 지적 능력을 보유하
  고 있다. 이러한 능력은 개념이나 기본 원리를 빠르게 이해
  하고, 필요한 것을 쉽고 빠르게 배우며, 예리한 직관력으로
  음악들 간의 차이를 쉽게 파악하는 능력 등이 나타난다.
- 높은 창의성을 가진다. 이것은 문제를 발견하고 해결하는
  능력이나, 독특한 아이디어의 창출, 기존 지식을 생활에 응
  용하는 능력 그리고 하나의 문제에 대한 다양한 해결 방법
  의 시도 등으로 나타난다. 음악에 대한 새로운 시도를 좋아

하고 음악에 대해 호기심이 많으면 높은 음악 창의성을 가지고 있다고 봐도 무방하다.

• 음악 과제 집착력, 성취 동기, 목표에의 지향 등 영재성 발현에 영향을 끼칠 개인적 성향을 가지고 있다. 다른 것보다도 음악에 관심을 보이고 문제가 생기면 어떻게든 해결하려고 한다. 여러 과목의 숙제가 있어도 음악 숙제부터 하려고 하고 지치지 않고 그 과제를 해결하도록 노력한다면 음악 과제 집착력이 있다고 볼 수 있다.

결론적으로, 음악 영재의 특성이란 음악성이 아무리 높아도 창의성이 없으면 영재가 될 수 없으며, 음악성과 창의성이 높아도 과제 집착력이 없다면 음악 영재라고 볼 수 없다. 음악 영재의 특성을 도표로 타나내면 [그림 2]와 같다.

음악 영재에게서 관찰할 수 있는 구체적인 음악적인 특징을 좀 더 자세히 알아보자. 다음은 김영연, 오주일(2004)이 「유아의 음악 영재성에 대한 고찰」이라는 논문에서 밝힌 일반적으로 생각되는 음악 영재의 음악적인 특징이다. 다음의 특징을 많이 나타내는 아이들은 음악 영재라고 봐도 좋다.

▶ 음량, 음고, 음질, 음의 길이 등 음에 대해 미세한 차이를 직관적으로 지각하는 능력이 뛰어나다. 단순히 음에 대한 반응뿐만 아니라 선율, 리듬, 화성 등의 본질적인 성질을 이해하고 그 본질을 바탕으로 음악적 요소를 지각하는 능

[그림 2] 음악 영재의 특성

력으로 파악되어야 한다. 이에 대한 일반적인 특징은 다음
과 같다.

- 음악 소리에 예민하게 반응한다. 조그만 소리는 물론 큰
  소리에도 예민하다. 어떤 소리의 특징을 발견하고 말로
  표현할 수 있다.
- 어떤 음악을 들을 때 여러 선율 중에서 중심 선율을 발견
  하고 그 중심 선율을 노래하고 변형할 수 있다.
- 매우 복잡한 리듬을 신체적으로 느끼고, 그 리듬에 맞춰
  자연스럽게 몸을 움직일 수 있다.

• 다른 아이들보다 음악적으로 더 어렵고 복잡한 노래를 좋아한다.

▶ 음에 대한 기억력이 우수하다. 새로운 노래를 듣자마자, 그 음악의 멜로디와 리듬의 패턴을 거의 자발적으로 그대로 기억하여 노래로 부르거나 악기로 재현해 낸다. 또한 아는 노래를 정확히 부른다. 즉, 노래를 시작할 때와 같은 음높이를 끝날 때까지 계속 유지하며 부른다. 리듬도 빨라지거나 느려지지 않고 계속 일정한 빠르기를 유지한다.

그 음악에 담겨 있는 음악적 특징과 의미를 파악하여 간직해 두고 이후에 간직한 음악적 특징과 의미를 재구성하여 다시 드러낼 수 있다. 이에 관련된 음악적 특징을 보면 다음과 같다.

• 새로운 음악을 또래 아이들 보다 훨씬 빨리 배운다.

• 악보를 볼 수 있다면, 다른 이들 보다 쉽게 악보를 읽는 초견(악보를 처음 보고, 연습하지 아니하고 연주한다) 능력이 있다.

• 음악을 들었을 때 그 음악을 노래 또는 악기로 재현할 수 있다.

▶ 음악을 만들거나 표현하는 능력이 우수하다. 이것은 '무'에서 '유'를 창조하는 것이 아니라 기존에 알고 있는 음악적 개념과 기술 그리고 개인의 내적 요소가 상호작용하여 보

다 새로운 것을 계발하는 능력이다. 창의성이라고 기대되는 행동은 다음과 같은 것들이 있다.

- 자기 스스로 노래를 만들어 부르기를 좋아하며, 이때 리듬, 멜로디, 피치 등에서 음악적인 원리를 적용하여 작곡한다. 예를 들면, 노래라고 생각되지 않는 노래를 부르기보다는 하모니와 대조법 등의 음악적 원칙을 적용하여 노래를 작곡한다.
- 주어진 노래나 리듬의 선율을 다양하게 변형해서 부를 수 있다.
- 다양한 음악적 재료를 가지고 자신만의 독특한 방식으로 소리를 구성할 수 있다.

▶ 음악적 표현력이 뛰어나다. 음악적 표현력이란 분석적인 귀를 가지고 있어서 음악적 요소와 구조의 특성을 분명히 말 할 수 있는 능력이며, 음악적으로 매우 창의적인 작품이나 연주가 앞으로 어떻게 흐를 것인지를 미리 예상하고 기대할 수 있는 능력이다. 연주 기술이 있다면 뛰어난 음악적 표현력을 보여 줄 수 있지만, 만약 완벽하지 못하더라도 음악적 생각을 표현을 할 수 있다. 음악적 표현이 뛰어난 사람은 다음과 같은 특징을 나타낸다.

- 어떤 음악의 특징적인 면을 발견하고 자신만의 말로 표현한다.
- 다른 사람의 연주를 듣고 본인은 어떻게 다르게 연주할

것인지를 생각하고 이야기한다.

- 음악에 대한 해석을 하거나 연주에 대한 감정을 표현하는 것에 매우 흥미를 갖는다.
- 똑같은 악기를 여러 번 연주하며 다양한 소리를 내 본다.

▶ 일반 영재가 욕구, 흥미, 집중력, 인내력 등의 내적인 요소가 중요하듯 음악 영재도 집착력, 지속력, 인내력, 높은 학습 의욕, 자신감, 독립성, 자율성, 리더쉽, 건강함, 집중력, 흥미 등이 음악 성취도를 좌우하는 데 중요하다. 다음과 같은 특징을 나타낸다.

- 음악적인 활동을 하는 동안에 매우 집중하며 적극적으로 참여한다.
- 음악 활동이 끝나는 것을 아쉬워하며 다음 음악 활동 시간을 기다린다.
- 음악적 특징에 대해 호기심을 가지고 많은 질문을 한다.
- 시간을 초과해서라도 완성되지 않은 작품은 끝까지 완성하려고 노력한다.

아이가 영재인지 아닌지 다시 한 번 점검해 볼 필요가 있다. 영재인 것을 모르고 있어도 불행한 일이며, 영재가 아닌데 영재라고 믿고 있는 것도 불행한 일이다.

음악 적성을 잴 수 있을까

우리 아이의 음악 적성을 재는 방법은 없을까? 음악을 공부하고 있거나, 앞으로 음악을 공부하려는 사람은 무엇보다도 자기에게 음악 적성이 얼마나 있는지 알고 싶을 것이다. 또 교육을 하는 음악 교사의 입장에서 보면 각 학생의 정확한 음악 적성을 알아내는 방법이 있다면 보다 더 효과적으로 음악을 가르칠 수 있을 것이며, 학생이 진로를 결정할 때 조언을 줄 수도 있다.

짧은 시간 안에 간단한 검사로서 어떤 사람의 음악 적성을 완벽하게 알아낼 수 있다면 얼마나 좋을까? 그러나 결론적으로 말하면 그런 완벽한 음악적성검사는 없다. 반면에 완벽하진 않지만 수리와 언어 능력의 학업 적성을 재는 IQ 검사가 있듯, 음악 적성을 재는 검사가 개발되어 있다.

1900년대 후반부터 많은 음악 교육학자는 사람의 음악 적성을 재려는 시도를 해 왔다. 제일 먼저 음악적성검사를 만든 사람은 시쇼어(Seashore, 1939)다. 그 뒤에 윙(Wing, 1960), 벤틀리(Bentley, 1966), 고든(Gordon) 등이 음악적성검사를 개발하였다. 그중에서도 최근에 인정을 받고 있는 사람은 고든이다. 고든은 만 9세 이상의 학생들을 위한 음악적성검사 MAP(Musical Aptitude Profile, 1965)을 시작으로 나이 별로 여러 개의 음악적성검사를 발표하였다. 3, 4세를 위한 음악적성검사 Audi(1989), 만 5세에서 8세까지를 위한 PMMA(Primary Measures of Music Audiation, 1979)와 만 6세에서 9세 어린이를 위한 IMMA(Intermediate Measures of Music Audiation, 1982) 그리고 음악전공자를 위한 음악적성검사 AMMA(Advanced Measures of Music Audiation, 1989)를 개발하였다.

필자는 운 좋게도 미국에서 고든과 같이 공부할 기회를 얻어 음악 적성 연구를 계속해 왔다. 처음에는 미국에서 쓰는 음악적성검사를 그대로 수입하여 우리나라에 적용하려고 하였다. 그러나 여러 가지 실험 결과 우리나라 학생들에게는 잘 맞지 않는다는 결론을 얻어 새로 우리나라 학생들만을 위한 음악적성검사를 개발하게 되었다. 그리하여 개발된 것이 만 8세 이상 학생들을 위한 '한국음악적성검사(Korean Music Aptitude Test, 2004: 이하 KMAT)'와 9세 이하의 어린아이를 위한 음악적성검사 Kids' MAT(만 5~7세: Kids' Music Aptitude Test, 2015, 이하 Kids' MAT)다.

Kids' MAT은 만 5~7세를 위해 개발된 음악적성검사다. 검사는 듣기 검사로 되어 있으며, 검사 시간은 약 30분으로 비교적 짧다. 게임 형식으로 개발되어 있으며, 실시 음원에서 지시하는 대로 따라 하기만 하면 된다. 그러나 대상이 아직 어린아이들이다 보니 실시할 때는 부모나 교사 등이 반드시 아이가 지시를 잘 이해하고 따라하고 있는지 체크해야 한다. 글을 못 읽는 어린아이들도 검사할 수 있도록 답안지는 그림으로 디자인되어 있다.

Kids' MAT은 가락과 리듬 검사로 되어 있으며, 각각 3개씩 6개의 게임으로 이루어져 있다. 검사를 실시한 어린아이의 가락과 리듬의 음악 적성을 따로 알 수 있는데, 어린아이의 가락과 리듬 적성 중 강점과 약점을 검사할 수 있다.

KMAT[1]는 만 8세 이상 어린이를 위한 검사로 중학생까지 사용할 수 있으며, 전공자를 위한 검사가 아닌 일반 학생을 위한 검사다. 이 검사는 개인으로 실시할 수도 있고 학교 등에서 단체로 실시할 수도 있다. KMAT는 CD에 녹음되어 만들어진 듣기 검사로 현재 서점에서 판매되고 있다. 검사 시간은 준비 시간을 포함 40분 정도다. 리듬과 가락 적성을 잴 수 있다.

앞에서도 이야기했지만 모든 적성 검사는 완벽할 수 없다. 어떻게 30여 분의 검사로 어린이들의 적성을 단정지을 수 있단 말인가? 그러므로 음악적성검사의 결과를 활용하는 데 있어 주의해야 할 점이 있다.

음악적성검사는 어떤 경우에라도 긍정적 목적을 가지고 쓰여야 한다. 음악적성검사는 교육을 돕기 위해 개발된 것이므로 교육적 목적을 위해서만 쓰여야 한다. 이 검사의 결과가 좀 낮다 하더라도 음악 공부를 하고 싶어 하는 아동의 열의를 꺾어서는

---

1) 현경실(2004). 『한국음악적성검사』. 학지사: 서울.

안 된다. 열의는 무엇보다도 중요한 성공의 한 요인이기 때문이다. 검사 당사자나 교사, 부모는 이 검사의 목적과 용도를 충분히 잘 이해하여 이 검사의 결과에 의해 상처를 받는 일이 없도록 하여야 한다.

언제, 어떤 악기를 가르쳐야 할까

자, 이제 아이가 충분히 음악을 듣고 간단한 악기를 연주하는 등 여러 가지 음악적 경험을 했다고 가정하자. 그렇다면 아이는 이제 악기를 배우고 싶어 할 것이다. 아이가 악기에 관심이 없다면 좀 더 기다려 주자. 충분히 시간이 지나고 경험이 많이 쌓였다고 판단되는데도 악기에 관심이 없다면, 실제 악기 연주를 볼 기회를 마련해 주어 보자. 엄마가 피아노를 칠 줄 안다면 아이가 보는 앞에서 자주 피아노 연주를 하라. 반드시 피아노에 관심을 보일 것이다. 피아노에 관심을 보이면 간단한 곡부터 같이 연주하라. 손가락의 자세나 힘 등은 그리 중요하지 않다. 피아노에 앉아 노래를 불러라. 따라 부를 것이다. 그것이 힘들다면 피아노 학원에 데려가 또래나 조금 큰 아이들이 연주하는 것을 보여 주어도 좋고, 실제 음악회를 데려가 악기에 관심을 가지게 하는 것도 좋다.

악기를 시작하는데 좋은 특정한 나이는 없다. 아이가 신체적으로 충분히 그 악기를 다룰 만큼 크고, 음악적 준비가 되어 있으면 가능하다. 어떤 악기든지 연주한다면 음악성 계발에 도움을 준다. 클라리넷을 배우는 것이 리코더를 배우는 것보다 음악적으로 더 좋다고 볼 수 없다. 처음에 리코더를 배우는 것이 나중에 클라리넷을 배우는 데 큰 도움을 줄 수 있다. 그러므로 처음에는 연주가 어려운 악기를 택하는 것보다는 하모니카, 리코더, 우쿠렐레, 오카리나 등 상대적으로 연주가 쉬운 악기를 택해 배우기 시작하는 것이 좋다. 연주가 어려운 악기를 너무 어려서 가르치려고 하다가 악기 자체에 흥미를 잃어버리는 수도 있다. 그렇게 되는 것보다는 조금 늦더라도 천천히 가도록 한다면, 결국 훌륭한 연주를 할 수 있을 것이다. 본인이 하고 싶어서 하는 것보다 더 빠른 방법은 없다.

바이올린, 첼로 등 현악기는 어려서 시작하기에 좋은 악기다. 왜냐하면 현악기에 대한 감수성은 다른 악기에 비해 비교적 일찍 발달한다고 알려져 있고, 몸집이 작은 아이들이 연주할 수 있도록 작은 사이즈의 악기들도 개발되어 있기 때문이다. 반면에 덩치가 큰 관악기들은 상대적으로 늦게 시작하는 악기다.

노래 공부를 정식으로 하고 싶으면 변성기가 지나서 시작하는 것이 좋다. 변성기라는 것은 청소년기에 나타나는 성장기 특징으로 목소리가 급격히 어른 목소리로 변하는 시기를 말한다. 변성기는 보통 12, 13세경이 되면 시작하는데 개인차가 크다. 변성기는 보통 수개월에서 수년이 가기도 하는데 이 시기에는 너무 무리하게 목소리를 사용하면 목소리를 다치기 쉽다. 그렇기 때문에 변성기 전에 노래 공부를 시작했다면 변성기 때에는 목

소리 보호에 특히 신경 써야 한다. 또 이 시기에는 목소리의 콘트롤이 잘 되지 않아 본인이 원하는 음의 조절이 어려울 수도 있다. 그러므로 정식 노래 공부는 변성기가 지나야 할 수 있다고 생각된다.

어떤 악기를 하든 음악 적성 계발에 도움이 될 수 있다. 또 한 악기를 연주하게 되면 다른 악기를 배우는 데 많은 도움을 준다. 예를 들어, 피아노를 배운 학생이 바이올린을 배운다면 그렇지 않은 학생보다 바이올린을 배우는 데 유리하다. 바이올린을 배운 학생이 비올라를 배우는 것은 더 말할 것도 없다. 바이올린과 비올라는 많은 부분이 비슷하기 때문이다. 단소를 배운 학생은 그렇지 않은 학생보다 피리를 배우는 데 유리한 것은 당연하다. 결론적으로 아이가 무슨 악기를 선택해 배우는 것은 그리 중요한 일이 아니다. 어떤 악기를 배우고 싶어 하느냐가 중요하며, 좋은 교사의 선택이 훨씬 중요하다.

어떤 교사가 좋은 교사일까? 무엇보다 음악을 좋아하고 즐기는 교사가 가장 좋다. 본인이 음악하는 것을 자랑스러워하며, 어린아이를 깊이 이해하는 교사가 좋은 교사일 것이다.

물론 어린아이의 음악 교사는 좋은 연주자여야 한다. 영어 발음이 좋으려면 네이티브 스피커에게 배워야 영어 발음이 좋은 것과 같은 이치다. 교사가 아무리 연주 실력이 좋아도 시범을 보여 주지 않는다면 소용이 없다. 네이티브 스피커가 발음 시범을 안 보여 주는 것과 같기 때문이다.

만약 필자가 유치원 학생의 피아노를 가르친다면, 레슨 시간

동안 피아노를 가르치려고 하기보다는, 레슨 시간 내내 연주를 해 주고 같이 노래를 부를 것이다. 아이가 피아노를 치고 싶어 한다면 학생에겐 간단한 멜로디를 연주하게 하면서 나와 이중주를 시도할 것이다. 아이에게는 당장 연주를 잘하는 것보다 피아노가 아름다운 악기이며, 치고 싶은 악기라는 것을 알려 주는 것이 훨씬 중요하다고 생각하기 때문이다.

음악은 보고 듣고 배우는 것이기 때문에 교사의 역할이 매우 중요하다. 좋은 연주를 볼 수 없다면 좋은 연주를 할 수도 없다. 도제식으로 배워야 가장 효과적인 것이 음악이다. 우리의 옛 음악가들은 제자들을 키울 때 집으로 데려다 하루 종일 같이 있으며 가르쳤다. 가장 효과적인 방법이었다.

음악을 그만두겠다고 한다
어떻게 할까

악기 하나를 잘 연주하기 위하여 얼마만큼의 노력이 들까? 악기를 잘 배우는 것은 언어 하나를 잘 배우는 것과 같다고 생각한다. 새로운 언어를 마스터하는 것이 쉬울까? 물론 쉽지는 않다. 어려운 일이기에 위기가 온다. 열심히 악기를 배우던 아이가 어느 날 갑자기 그만두겠다고 한다. 어떻게 할 것인가? "그래? 그럼 그만두어라"라고 하자니 아깝고, 계속하게 하자니 쉬운 일이 아니다.

아이들은 표현하지는 못해도 부모의 가치관을 꿰뚫고 있다. 부모가 음악 교육에 확고한 신념이 없다면 아이는 금방 안다. 아이가 어느 날 오늘부터 학교에 가지 않겠다고 선언한다면 어떻게 하겠는가? 아마 그 말에 동의하여 학교를 그만두게 하는 부모는 거의 없을 것이다. 아무리 학교를 싫어해도 학교를 그만두는 아이는 드물다. 그러나 음악은 어떤가? 하다가 조금만 싫증이 나면 그만두고, 공부하는 것이 조금 바빠지면 그만두는 것이 음악이다. 아이에게 음악을 계속 가르치려면 일단 부모가 음악 교육이 중요하다는 가치관을 가지는 것이 제일 중요하다. 음악 교육의 목적은 아이가 한 악기를 잘 연주하게 하는 것이 아니다. 그 목적을 잊지 말고 모든 상황을 판단해야 한다.

필자는 우리 딸의 음악 교육에 실패했다고 고백한다. 난 우리나라 전쟁 후 어려운 세대에 태어났다. 내가 어렸을 때 우리 집은 넉넉지 않았고, 피아노가 없었다. 그러나 음악을 좋아하시던 우리 어머님은 어려운 살림에 나에게 피아노를 가르치셨다. 그러나 몇 달 피아노를 배우던 나는 싫증이 났다. 똑같은 것의 반복을 강요하는 피아노는 재미없었다. 엄마 몰래 레슨을 빼먹기 시작했다. 아마 초등학교 2학년쯤 되었던 것 같다. 길면 꼬리가 잡힌다. 결국 엄마에게 걸려 혼나고 피아노를 그만두었다. 엄마의 입장에서 어려운 살림에 아이가 피아노를 싫어하니 오히려 잘 되었다고 생각하신 듯하다. 이것이 나의 피아노 경력이다. 나중에 철이 들어 피아노를 다시 배우고 싶어졌을 땐, 넉넉지 않던 집안에 장녀였던 나는 용기가 없어 엄마에게 말하지 못했다. 그래서 난 다짐했었다. 내가 아이를 낳으면, 아이가 싫다 하더라도 최소 5년간은 악기를 꾸준히 가르치리라 마음먹었다.

우리 첫째 아이가 다섯 살이 되었을 때 아이에게 바이올린을 가르치기 시작했다. 악기의 성공이 연습에 있다는 것을 너무나 잘 알고 있던 나는 아이에게 매일 연습을 시켰다. 무슨 일이 있어도 연습을 하게 했다. 아무것도 모르는 아이에게 연습만을 강요한 것이다. 연습을 시키는 일이 점점 전쟁이 되어 갔다. 아이가 아홉 살쯤 되었을 때 나는 갑자기 겁이 났다. 거의 매일 악기 연습 때문에 전쟁이니, 아이가 엄마인 나 자체를 싫어하기 시작했기 때문이다. '아이와의 관계가 중요한가? 악기 연주가 중요한가?'를 놓고 고민하기 시작했다. 그 당시 아이는 또래들 중에서 바이올린을 꽤 잘해서 연주도 하고 유명한 선생님에게 인정도 받고 있었다. 그런데 아이는 바이올린을 그만두고 피아노를 배우겠다고 우기고 있었다. 아이에게 물었다. '정말 그만둘래?', '정말 하기 싫어?' 수도 없이 물었다. 그러나 아이는 단호했다. 미련도 없어 보였다. 결국 악기를 포기했다. 그리고 난 하던 바이올린도 못했는데 피아노를 배운다는 것은 불가능하다고 생각하고 피아노도 가르치지 않았다. 바이올린을 그만둔 아이는 그 뒤 단한 번도 자의로 바이올린 뚜껑을 열어 본 적이 없다. 너무 강하게 밀어붙이는 엄마에게 질려 버린 것이다. 우리 아이는 음악 적성은 높았으나 바이올린에 대한 과제 집착력은 낮아 성공할 수 없었다. 그리고 무식한 엄마 때문에 음악을 계속할 수 없었다.

그리고 둘째 늦둥이를 낳았다. 난 둘째에게는 첫째의 실패를 거울삼아 절대 연습을 강요하지 않았다. 즐기며 가르치려고 노력하였다. 아이가 원하면 배우던 악기를 미련 없이 그만두게 하였으며, 다른 악기를 배우겠다면 그렇게 하도록 하였다. 둘째는 피아노, 단소, 플루트, 첼로, 기타 등 여러 악기를 전전하였다. 그래서 결과적으로 한 가지 악기도 잘하는 것이 없다. 그러나 둘째는 음악을 너무 좋아하고 즐길 줄 안다. 심심하면 피아노에 앉아 피아노를 치며, 노래를 만든다. 둘째의 음악 교육이 성공했다는 것이 아니다. 목적에 따라 음악 교육의 방법이 달라져야 한다는 것이다. 둘째가 음악을 전공한다면 절대 성공적인 교육이 아니다.

아무리 악기 연주를 좋아하는 아이도 악기가 싫어질 때가 있다. 그럴 때는 잘하는 사람의 연주를 들려 주거나 오케스트라나 앙상블을 참여해서 색다른 경험을 하게 해 주는 것도 좋다. 보통 아이들이 혼자 연습하는 것은 싫어해도 오케스트라나 앙상블 하는 것은 좋아한다. 이것도 저것도 잘 안 되면 좀 쉬게 하는 것도 좋다. 쉬게 하면서 음악을 즐길 수 있는 다른 방법을 모색해야 한다. 단언하건데 음악에 재능이 있는 아이라면 다시 하고 싶어 할 것이다.

혹시 배우고 싶은 다른 악기가 있다면 과감히 악기를 바꾸는 것도 좋다. 전에 악기를 배운 경험이 다음 악기를 배우는 데 많은 도움을 줄 것이다. 배우던 악기를 그만두는 것을 아까워하지 말라. 아이는 악기를 배우며 그의 정서 발달에 도움을 받았을 것이며, 그 힘은 그 아이의 인생에 많은 도움이 되었을 것이다. 그리고 그동안 배운 음악은 다른 음악을 할 경우 기초가 될 것이다. 음악 교육의 목적이 무엇인지 잊지 말아야 할 것이다.

음악을 전공하겠다고 한다
어떻게 해야 하나

　나는 뒤늦게 음악 공부를 시작했다. 고등학생이 되어 전공을 무엇을 할 것인가를 고민할 즈음, 아무리 생각해 봐도 하고 싶은 공부가 없었다. 음악이 제일 하고 싶었다. 당시 음악 선생님과 아버지께 의논을 드렸다. 그동안 꾸준히 음악을 공부한 것도 아니었다. 내 이야기를 들으신 선생님은 가야금을 할 것을 권하셨다. 당신은 작곡을 전공했는데, 우리나라 음악을 모르는 것이 가장 아쉽다고 하시면서 한국 사람은 한국 음악을 알아야 하며 전망도 좋고 대학교 들어가기도 상대적으로 쉽다고 하셨다. 고등학교 때 대학교입시만큼 중요한 것이 무엇이겠는가? 아버지도 음악을 하려면 웬만한 서양악기를 하기보다는 가야금이 훨씬 좋다고 찬성을 하셨다.

　그러니까 나의 경우 가야금이 무엇인지도 모르면서 전공으로 정한 셈이다. 다른 공부보다는 악기를 하는 것이 좋다는 생각으로 말이다. 일단 가야금을 시작하니 어려운 일이 한두 가지가 아니었다. 같은 선생님 밑에 있는 아이들 중에도 나는 감히 범접할 수도 없이 연주를 잘하는 아이들이 한둘이 아니었기 때문이다. 그때부터 나의 고행은 시작되었다.

누구보다도 열심히 연습을 하였다. 대학교 합격 후에도 여름이나 겨울이나 일찍 학교에 나가 연습실을 잡아 놓고 연습에 정진을 하였다. 그러나 잘하는 아이들을 따라 잡기는 불가능하였다. 어릴 때부터 가야금을 한 아이들은 매일 놀아도 그 실력이 줄어드는 것 같지 않았으며, 늦게 악기를 시작한 나는 아무리 열심히 해도 그들의 연주 실력과는 비교가 안 되었다. 그 때부터 나에게 음악은 더 이상 '즐거움'이 아니라 '스트레스'였다.

좋은 가야금 연주를 들으면 '난 왜 그리 안 될까?'라는 생각에 우울했고, 듣는 귀는 발달을 해서 못하는 연주를 들으면 못해서 괴로웠다. 나 자신의 연주는 불만족스러워, 연주하기도 싫었고 듣기도 싫었다. 결국 대학교 내내 열등감으로 우울한 대학 생활을 보냈다. 그리고는 졸업 후 음악 교사가 되었다. 음악 교사가 된 후 나는 비로소 행복한 생활을 할 수가 있었다.

교사가 되고 난 후엔 가야금은 손에 잡은 적이 별로 없다. 내 연주 실력이 만족스럽지 않아서 연주하기 싫었다. 남편은 나에게 '취미로도 가야금을 배울 판국에 왜 잘하는 가야금을 하지도 않느냐?'고 불평을 토로하곤 한다. 이해를 못하겠단다. 그러나 가야금이 전공인 나에게는 잘 못하는 가야금을 연주하는 것은 자존심도 상하고 듣기도 싫다.

미술을 하는 사람은 대부분 마음에 안 드는 작품은 폐기한다. 옆에서 그 작품이 아까워 버리지 말고 달라고 해도 절대 안 준다. 왜냐하면 마음에 안 드는 작품은 자존심이 허락치 않기에, 아깝지만 폐기하는 것이다. 대부분의 성악을 전공한 사람들은 사석에서 노래하는 것을 좋아하지 않는다. 잘해야 본전이고, 전공이기 때문에 잘해야 한다는 강박관념으로 즐길 수가 없기 때문이다. 음악은 아마추어일 때 즐기기 쉽다.

음악을 전공하는 일은 쉬운 일이 아니다. 음악 대학을 졸업하는 전국의 5,000여 명의 학생 중 연주로 성공하는 학생은 한 해 평균 10명도 안 될 것이다. 성공이라는 기준도 애매하긴 하지만, 성공을 '연주로 본인의 의식주를 넉넉하게 책임지는 정도'라 정의해도 그렇다. 연주가나 작곡가로 돈을 많이 버는 일은 매우 어려운 일이다. 물론 아주 드물게 돈을 많이 버는 작곡가나 연주가들이 없는 것은 아니나 그런 경우는 많지 않다.

의대를 예를 들어 보자. 전국의 거의 모든 의대생이 졸업하면 의사가 되고 본인의 의식주를 걱정하는 의사는 많지 않기 때문에 음대를 가는 것보다는 의대를 가는 편이 여러 가지 면에서 훨씬 안전한 길인 것이다. 단언하건데, 음대를 나와 성공하는 것은 의대를 나와 성공하는 것보다 훨씬 어렵다.

그럼에도 불구하고 음악을 좋아하고 하고 싶다면 전공해야 할 것이다. 음악에 재능이 있고 좋아한다면 당연히 해야 한다. 그러나 음악을 전공해서 성공하는 경우는 무척 드물기 때문에 신중해야 한다. 음악으로 성공하는 것, 특히 연주가나 작곡자로서 성공하는 것은 경쟁이 치열하고 매우 어렵다. 음악 연주자로 성공하는 것은 프로 축구선수나 프로 야구선수로 성공하는 것만큼 어렵다. 재능도 있어야 가능한 일이며, 매우 열심히 노력도 해야한다. 아니 어쩌면 프로 축구선수보다 더 어려울지도 모르겠다. 프로 축구팀은 우리나라를 포함 세계 여러 나라에 많아서 팀에서 뛸 기회가 있는 선수가 수천 명에 이르지만 음악 연주가로 자신의 생활을 책임질 수 있는 사람은 그리 많지 않기 때문이다.

그러나 대학교 졸업 후 음악 관련 다른 직업을 선택할 수도 있다. 음악 교사나 교수 등 다른 직업의 기회가 있다. 하지만 이것도 다른 전공에 비해 기회가 그렇게 많은 것은 아니다. 교사가 되려면 음악 교사보다는 국어나 수학 교사가 더욱 기회가 많기 때문이다. 그러므로 음악 전공은 정말 좋아하고 재능이 있는 사람이 해야 한다.

음악가의 삶은
어떠한가

연주가란 직업은 운동의 프로 선수 못지않게 고달픈 직업이다. 매일 하루도 빠지지 말고 몇 시간씩 연습을 해야 하는 직업이다. 음악계에 "연습을 하루 안 하면 자신이 알고 삼일을 안 하면 식구들이 안다."는 속설이 있을 정도다. 그만큼 며칠 연습을 쉬는 것도 치명적이라는 이야기다. 보통 유명 연주가들은 휴가를 가서도 호텔에서 연습을 멈추지 않는다. 사람에 따라, 악기에 따라 다르긴 하겠지만 하루 10시간의 연습은 흔한 일이다.

많은 연습량 때문에 부상도 많이 당한다. 나는 주위의 피아노 전공자들 중 너무 연습해서 힘줄이 늘어나 연습을 하고 싶어도 못하는 사람을 많이 보았다. 연주자들의 완벽한 연주를 하기 위해 쉬지 않고 같은 동작을 반복하게 된다. 그러니 그곳이 탈이 나기 쉬운 것이다. 여러분은 발레리나 '강수진의 발' 사진을 본적이 있을 것이다. 너무 연습을 많이 하여 일그러진 발 말이다. 악기를 하는 사람들 중에 손에 보기 흉한 굳은살이 많은 사람이 많다. 심지어 관악기를 전공하는 사람들은 입술에 굳은살이 생기기도 한다.

　게다가 경쟁도 매우 심해서 점점 더 연습에 매진해야 하고 몸은 더 망가지고 스트레스는 더 쌓인다. 프로 운동선수들과 다를 바 없다. 연주의 세계는 냉혹해서 좀 연주가 '모자라다' 싶으면 다시는 그 연주자의 연주를 듣고 싶어 하지 않는다. 완벽한 연주는 없다. 그러니 많은 음악가가 쉬지 않고 연습에 몰입할 수밖에 없다. 하루 5시간만 연습하면 연주가 완벽하게 된다면 얼마나 좋을까? 완벽한 연주와 같은 끝이 없는 작업을 하는 것은 정말 어려운 일이다. 많은 음악가가 스트레스와 실수를 두려워하는 무대 공포증을 앓고 있다.

악기에 대한 이해

아이들이 배울 수 있는 악기는 많다. 악기를 정할 때에는 아이들의 신체 성장이나 성숙도, 흥미 등을 고려하여 정하는 것이 좋다.

악기는 서양악기와 국악기가 있고, 현악기, 관악기, 타악기, 건반악기 등 여러 가지가 있다.

이 장에서는 아이들이 일반적으로 배울 수 있는 악기와 그 특징 주의할 점 등을 간단하게 소개한다.

연주가 쉬운
교육용 악기

오케스트라에 자주 쓰이는 서양악기나 국악기에는 포함되지 않지만 어린이들이 배우기 쉽고 좋은 악기를 먼저 설명하고자 한다.

1. 리코더

리코더(Recorder)는 세로로 부는 목관악기의 일종이다. 새의 부리 모양의 마우스 피스를 지닌 원통형의 머리관과 끝이 가느다란 원추형의 가운뎃관 · 아랫관으로 이루어진다. 앞면에 7개, 뒷면에 1개, 도합 8개의 소릿구멍이 있다. 2 옥타브 전후의 음역을 가지며 음색은 부드럽고 소박하다.

리코더는 바로크 초기까지는 크고 작은 여러 가지 종류의 것이 있었고, 많이 연주되었던 악기다. 근대로 오면서 연주회장용 오케스트라가 발전하면서 플루트에게 그 자리를 내어 주게 되었다. 그러나 바로크 음악이 재조명을 받으면서 다시 제조되어 쓰이고 있다. 연주가 비교적 쉬워 교육용으로 많이 쓰인다.

리코더는 소프라노, 알토, 테너, 베이스 등 여러 가지가 있어 리코더만으로도 훌륭한 합주가 가능하다.

[그림 3] 리코더

[그림 4] 슈퍼 베이스 리코더

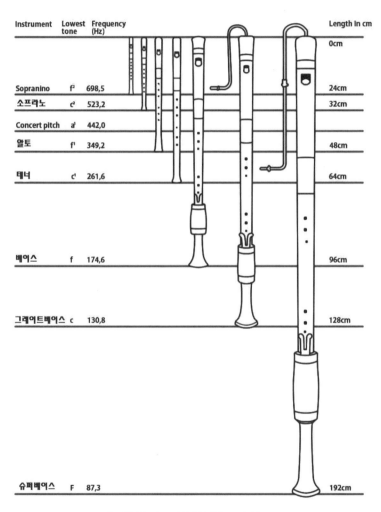

Instrument	Lowest tone	Frequency (Hz)	Length in cm
			0cm
Sopranino	f²	698,5	24cm
소프라노	c²	523,2	32cm
Concert pitch	a¹	442,0	
알토	f¹	349,2	48cm
테너	c¹	261,6	64cm
베이스	f	174,6	96cm
그레이트베이스	c	130,8	128cm
슈퍼베이스	F	87,3	192cm

[그림 5] 리코더의 종류와 크기 비교

2. 하모니카

하모니카(Harmonica)는 입에 물고 부는 소형의 리드악기다. 숨을 내쉬거나 들이마셔서 음을 낸다. 21개의 구멍이 있는 것이 표준이다. 여러 가지 하모니카가 있지만 두 줄로 나열된 구멍을 동시에 불면 떨리는 음의 부드러운 소리가 나는 복음 하모니카가 가장 널리 쓰인다.

음의 높낮이에 따라 소프라노 · 알토 · 테너 · 베이스 등으로도 분류되기도 한다.

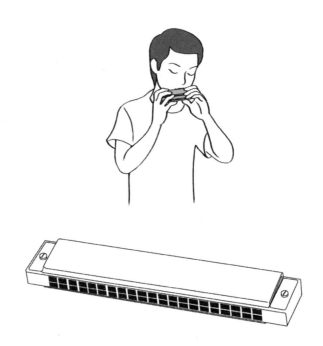

[그림 6] 하모니카

3. 오카리나

오카리나(ocarina)는 점토나 도자기로 만든 간단한 악기로, 불어서 소리를 낸다. 위쪽이 뾰족하게 튀어나와 입에 물고 불며, 그 뒤에 울림구멍이 있다. 음색이 우아하기 때문에 널리 애용되고 있다. 손톱 크기의 오카리나부터 상당히 큰 오카리나까지 다양한 크기의 오카리나가 있어 합주도 용이하다. 근대식 오카리나는 19세기 말에 이탈리아의 도나티가 발명했다고 한다. 오카리나는 여러 가지 모양이 만들어져 쓰이고 있다.

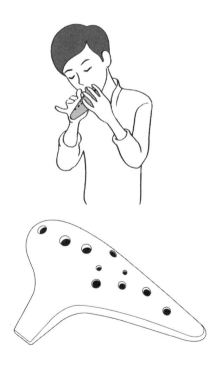

[그림 7] 오카리나

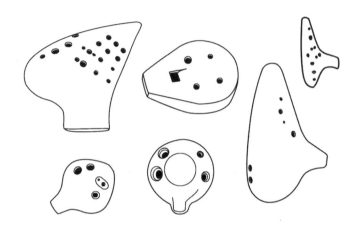

[그림 8] 다양한 모양의 오카리나

4. 우쿨렐레

기타와 비슷한 작은 현악기인 우쿨렐레(ukulele)는 하와이 민속악기다. 흔히 노래 반주에 쓰는데 네 개의 줄을 손가락으로 퉁겨 연주한다. 원래 화음악기로 반주에 주로 쓰고 멜로디는 거의 연주하지 않는다. 우쿨렐레는 현이 4줄로 되어 있고 크기가 작다보니 코드를 잡는 데 큰 어려움이 없어 누구나 쉽게 배울 수 있다. 그리고 휴대가 간편하여 어디든 함께할 수 있다.

[그림 9] 우쿨렐레

5. 기타

　학생들이 가장 배우고 싶어 하는 악기 중 하나가 기타(guitar)
다. 고대 그리스의 키타라(kitara)라는 악기에서 유래하였다. 6개
의 줄을 손가락이나 피크로 뜯어서 소리를 낸다. 반주에 많이 사
용되는 악기이나 독주나 합주에도 사용된다. 기타는 클래식 음
악은 물론 대중음악에도 널리 쓰이는 악기다.

　기타의 음량은 부드럽고 감미로우며 소리가 작다. 그러므로
클래식에 쓰이는 악기이지만 오케스트라에 사용되는 악기는
아니다. 그러나 이 단점을 대중음악에서는 전자기타로 해결하
였다.

　기타는 크게 어쿠스틱 기타와 일렉트릭 기타로 나눈다. 어쿠
스틱 기타는 클래식 기타나 통기타 등 전기를 사용하지 않는 기
타이고, 일렉트릭 기타는 픽업의 전자 작용에 의해 줄의 신호를
전기 신호로 바꾸어, 앰프에서 증폭시켜 스피커에서 소리를 내
는 기타를 말한다. 전자기타, 일렉기타, 스틸기타라고도 한다.
어쿠스틱 기타는 나일론이나 철로 만들어진 줄을 쓰나, 일렉트
릭 기타는 주로 철로 만들어진 줄을 쓴다.

[그림 10] 기타　　　　　　[그림 11] 기타의 종류 비교

서양악기

1. 현악기

현악기(String instruments)는 바이올린, 비올라, 첼로, 더블베이스 등이 대표적인 악기다. 현악기는 피아노와 관악기 등 다른 악기에 비해 비교적 어린 나이에 배워야 효과적인 악기로 알려져 있다. 심지어 유명 음악 학교에서는 바이올린의 경우 18세 이전의 학생들만 입학을 허가한다. 특히 바이올린과 첼로는 어린이들을 위한 작은 악기들이 많이 개발되어 있어 신체가 작은 어린 아이가 시작하기에 적당하다.

1) 바이올린

바이올린(Violin)은 가운데가 잘록한 타원형의 몸통에 네 줄을 매어 활로 소리를 내는 악기로 음색이 아름답고 순수하여 많은 사람의 사랑을 받는 악기다. 현악기 중 가장 높은 소리를 내는 악기로 독주, 실내악, 관현악 협주 등에 중요한 역할을 맡는다.

바이올린은 특히 어린이들을 위해 작은 사이즈들이 많이 개발되어 있어 팔이나 손가락이 짧은 어린아이들도 연주가 가능하다. 바이올린은 1/32 사이즈부터 1/16, 1/8, 1/4, 1/2, 3/4, 4/4 등 다양한 사이즈가 있다. 1/32 사이즈가 제일 작고 4/4가 풀(full) 사이즈로 성인용이다. 아이들의 신체 사이즈에 따라 바이올린을 선택해 쓰면 된다. 보통 아이들의 키나 팔 길이에 따라 사이즈를 선택하게 된다.

팔 길이는 다음의 그림처럼 똑바로 서서 팔을 펴고 손바닥을 하늘로 향하게 한 뒤 목 아래부터 손바닥 가운데까지의 길이를 재면 된다. 물론 개인차가 있을 수 있으므로 참고 자료일 뿐이다. 예를 들어, 키에 비해 팔이 짧은 아이는 좀 더 작은 바이올린을 써야 할 것이고, 전문가가 권하는 사이즈보다 큰 바이올린이나 작은 바이올린을 선호하는 아이도 있을 수 있다. 대체적으로 크기가 크면 연주가 더 어렵고, 소리는 더 좋다.

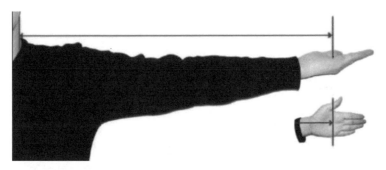

[그림 12] 팔 길이 재는법

다음은 신체 사이즈에 알맞은 바이올린 사이즈다.

[표 1] 신체 사이즈별 바이올린 사이즈

사이즈	1/16	1/8	1/4	1/2	3/4	4/4
만 나이(세)	3~4	5~6	7~8	9~10	11	12세 이상
키(cm)	95-105	105~115	115~125	125~135	135~145	145 이상
팔길이(cm)	41~43	44~47	48~52	53~56	57~60	61 이상

[그림 13] 바이올린

2) 비올라

비올라(Viola)는 바이올린보다 조금 더 크고 네 줄로 되어 있으며, 바이올린보다 조금 낮은 소리를 낸다. 바이올린에 비해 낮게 조율되며 악보는 알토음자리표를 사용한다. 바이올린과 모양은 비슷하지만, 몸통의 길이가 보통 바이올린보다 약 5cm 정도 큰 37~43cm이다. 바이올린과 연주 방법이 비슷하여 바이올린을 연주할 줄 아는 사람은 조금만 연습하면 비올라를 연주할 수 있다.

3) 첼로(Cello)

첼로(Cello)의 정식 명칭은 바이올린첼로(violoncello)다. 비올라보다 한 옥타브 낮은 소리를 낸다. 바이올린에 비하면 몸통 부분이 크고 목 부분은 짧다. 주로 합주에서 저음용 반주악기로 사용되었으나, 17, 18세기에 이르러 독주 악기로 쓰이게 되었다. 길이가 120cm나 된다. 악기를 세워 의자에 앉아 양쪽 무릎 사이에 끼고 연주한다. 연주를 위해서는 악기를 바닥에 받칠 수 있는 받침대가 필요하다. 낮은 음은 굵고 부드러운 음빛깔을 가지며 높은 음은 정열적인 음색을 가지고 있다. 어린이를 위한 작은 사이즈의 첼로가 보편화되어 있다. 키에 따라 첼로의 사이즈를 선택해 사용할 수 있다.

다음은 키에 대한 첼로의 사이즈다.

[표 2] 키별 첼로 사이즈

사이즈	1/10	1/8	1/4	1/2	3/4	4/4
만 나이(세)	6세 이하	6~7	8~9	10~11	12~13	14세 이상
키(cm)	110이하	110~120	120~130	130~145	145~155	155 이상

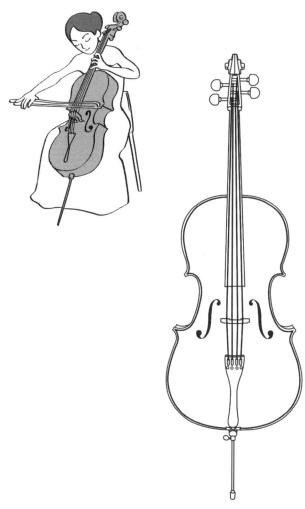

[그림 14] 첼로

4) 더블베이스

흔히 더블베이스(Double Bass)를 콘트라베이스(contrabass)라
고도 한다. 현악기 중 가장 낮은 음을 내며, 첼로보다 한 옥타브
낮게 연주한다. 4개의 두꺼운 현이 있다. 약 190cm의 크기로 악
보는 낮은음자리표를 사용하며 기보음보다 실음이 한 옥타브 낮
다. 악기가 커서 키가 커야 연주가 가능하다.

[그림 15] 더블베이스

2. 목관악기

목관악기(Wood wind instruments)에는 피콜로, 플루트, 오보에, 클라리넷, 바순 등이 있는데 원래는 모두 나무로 만들어져 쓰였기 때문에 목관악기라고 한다. 그러나 현대에 와서는 금속이나 기타 다른 재료로 만들어 쓰기도 한다.

1) 피콜로

정식 명칭은 플라우트 피콜로(flauto piccolo)로 이탈리아어로 '작은 플루트'라는 뜻이다. 관현악단이나 군악대의 최고로 높은 음을 내는 목관악기다. 일반적인 플루트보다 1옥타브 높은 음을 낸다. 보통 플루트와 주법이 같아 플루트 연주자들이 피콜로를 많이 연주한다. 길이가 약 30cm정도이며, 음이 높아 새소리 같은 청아한 소리가 난다.

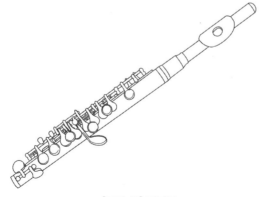

[그림 16] 피콜로

2) 플루트

플루트(Flute)는 오케스트라에서 높은 음을 내는 악기 중 하나다. 소리가 청아하고 화려하여 많은 사람의 사랑을 받고 있다. 오늘날 대부분의 플루트는 금속으로 제작하지만 원래 플루트는 나무로 만들었다. 길이는 67cm 정도이고 13개의 키들을 눌러 음의 높낮이를 조절한다. 길이가 꽤 길어 팔이 짧은 어린이를 위해 취구부분이 U자 모양으로 구부러져 있는 어린이용 플루트도 있다.

[그림 17] 플루트

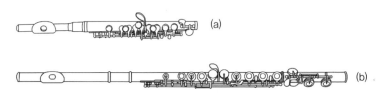

[그림 18] 피콜로(a)와 플루트(b)의 크기 비교

3) 오보에

오보에(Oboe)의 길이는 약 70cm이고 몸체관은 아래로 내려갈수록 굵어진다. 음색은 맑고 약간 날카롭다. 오보에는 겹리드를 가지고 있는 목관악기다. 리드(reed)는 떨림판으로 목관악기에서 소리를 내는 얇은 판이다. 입으로 불면 판이 떨면서 소리를 낸다. 오케스트라에서 이 오보에의 음에 맞추어 모든 악기가 조율을 한다.

[그림 19] 오보에

4) 클라리넷

클라리넷(Clarinet)은 끝이 나팔 모양으로 되어 있는 원통형의 악기다. 손가락 구멍과 키 장치를 사용하여 음을 낸다. 대략 66cm의 길이의 Ｂ♭ 클라리넷이 일반적이다. Ｂ♭ 클라리넷이란 악보의 C음을 불면 Ｂ♭의 소리를 내는 이조악기다. 실제로 나는 음높이는 악보의 음보다 장2도 음정만큼 낮다. 클라리넷은 하나로 된 홑리드를 쓰는 악기다. 연주자는 리드를 아래쪽으로 한 상태에서 취구를 물고 양 입술이나 아랫입술과 윗니 사이로 불어 소리를 낸다. 관현악단, 군악대, 브라스 밴드에서 사용되며 독주용으로도 사용된다. 낮은 음은 따뜻하고 높은 음은 맑고 청아한 음색을 가진다.

[그림 20] 클라리넷

5) 바순

바순(Basson)은 독일어로 파곳(Fagot)라고도 한다. 겹리드 악기이며, 관의 길이가 총 2.5m 정도나 되므로 U자 모양으로 구부러져 있다. 부는 방법은 오보에와 같다. 오보에보다 두 옥타브 낮은 소리를 낸다. 관현악에서 테너와 베이스 음역을 담당하는 중요한 목관악기다. 바순은 위쪽을 연주자의 몸 앞쪽으로 기울이고 비스듬히 줄에 걸어 연주한다.

[그림 21] 바순

6) 색소폰

색소폰(Saxophone)은 원추형의 금속관으로 만들어진 목관악기다. 금관악기처럼 금속으로 만들어지나 클라리넷과 마찬가지

[그림 22] 색소폰

로 마우스피스에 홑리드가 부착되어 있고, 금관악기의 소리가
아닌 목관악기의 소리를 내므로 목관악기로 분류된다.

색소폰은 1846년에 벨기에의 색스(Sax, A.J.)가 발명하였다. 악
기 중 가장 최근에 발명되었으나 많은 사랑을 받고 있다. 클래식
합주보다는 재즈 등 대중음악에서는 중요한 역할을 한다.

클라리넷과 오보에를 혼합해 놓은 듯한 악기이며, 클라리넷처
럼 달콤하고 부드러우며 오보에처럼 강한 소리를 낸다. 소프라
노, 알토, 테너, 베이스 색소폰 등 여러 가지가 있으나 가장 많이
쓰이는 것은 알토와 테너 색소폰이다.

3. 금관악기

금관악기(Brass instruments)는 목관악기와는 달리 리드를 사용하지 않으므로 입술 진동이 소리의 원천이 된다. 긴 금속관의 한쪽 끝이 나팔처럼 퍼져 있고 손으로 잡기 쉽게 하기 위해 관을 구부려 놓았다. 금관악기는 소리가 크고 멀리까지 들려서 행진할 때 종종 사용된다.

1) 트럼펫

트럼펫(Trumpet)은 관악에서 주 선율을 담당하는 원통형의 관 하나로 된 대표적인 금관악기다. 소리가 크고 화려하면서도 낭랑한 소리를 가지고 있다. 전쟁터에서 적을 공격하는 신호로 사

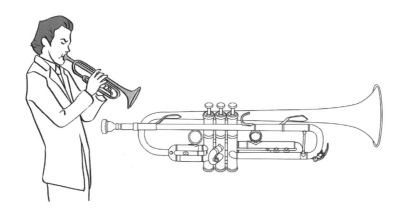

[그림 23] 트럼펫

용되기도 하였고, 예식의 팡파르로 사용되었다. 오케스트라뿐
아니라 재즈음악에서도 인기가 많다. 작고 얇은 오목한 컵 모양
으로 열려 있는 마우스피스에 입술을 대고 압력을 조절하여 공
기를 불어넣으며 음높이에 따라 입술 모양을 변형시킨다.

2) 호른

기원전 수 천년 전 동물의 뼈나 속이 빈 목재, 소라 등을 입으
로 불어 소리나게 했던 것이 시초로 전쟁이나 사냥을 하는 동안
신호를 보내기 위해 호른(French horn)을 사용하였다. 소리가 부
드럽고 달콤해서 오케스트라의 다양한 소리를 잘 어우러지게 하
여 금관악기와 목관악기 사이를 잇는 다리 역할을 한다. 연주할
때는 악기 소리를 변화시키기 위해 나팔모양의 벨 안에 오른손
을 넣고 연주한다.

[그림 24] 호른

3) 트롬본

트롬본(Trombone)은 풍요롭고 낮은 소리를 낸다. 슬라이드의 길이를 조절하여 음을 낸다. 그렇기 때문에 다른 악기가 흉내 낼 수 없는 '글리산도' 효과를 낼 수 있는데, 글리산도란 연주자가 마우스피스에 바람을 불어넣은 채 슬라이드만 움직여 한 음에서 다른 음으로 미끄러지듯 빠르고 부드럽게 넘어가는 것을 말한다. 가장 흔한 트롬본은 B♭조 테너 트롬본이다. 테너 트롬본이 높은음자리표로 기보되지만 실제 음은 악보보다 1옥타브 낮은 음을 낸다.

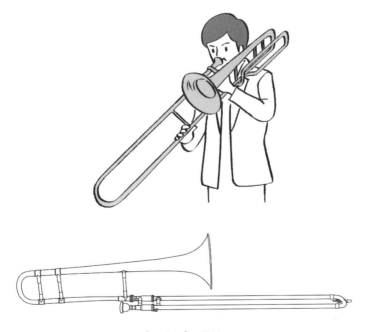

[그림 25] 트롬본

4) 튜바

튜바(Tuba)는 금관악기 중 가장 크며, 가장 낮은 소리를 낸다. 총관의 길이는 약 5미터나 된다. 튜바의 생김새와는 달리 활기차고 민첩하여 작은 금관악기들처럼 빠른 음들을 가뿐하게 연주할 수 있으며, 부드럽고 풍부한 소리를 낸다.

[그림 26] 튜바

4. 건반악기

건반이 달린 악기를 총칭하여 건반악기(Keyboard instruments)라고 한다. 오르간, 피아노, 멜로디온, 아코디온 등이 여기에 속한다. 요즈음은 피아노를 가장 많이 치지만 피아노는 비교적 늦게 발달한 건반악기다. 최근에는 점차로 전자 피아노가 발달하고 있다.

1) 오르간

오르간(Organ)의 어원은 그리스어 organon에서 유래하였다. 이는 '조립된 기구'라는 의미로 중세에는 '교회에 있는 악기'를 가리켰으며, 그 뒤 '파이프'로 발음하는 현재의 '오르간'을 말하게 되었다. 손과 발로 작동시키며, 크기 순서대로 배열한 파이프 안을 지나가는 공기의 압력으로 소리를 낸다. 가장 복잡한 악기 중의 하나이지만, 또한 가장 오래된 역사를 지니고 있으며 가장 방대하고 오래된 레퍼토리를 가지고 있다.

연주자가 건반을 누르면 좁은 통로를 통해 공기가 흐르면서

[그림 27] 오르간

[그림 28] 파리의 생 제르맹 로세루아 성당에 있는 파이프 오르간

파이프 안으로 들어가는데, 파이프의 넓이와 길이에 따라 다른 소리가 난다. 음빛깔이 엄숙하고 장엄하고 종교적인 악기로 옛날부터 교회에서 애용되어 왔다.

2) 피아노

피아노(Piano)는 피아노포르테(pianoforte)의 약칭이다. 음역이 넓고 건반을 누르면 해머가 줄을 쳐서 부드러운 소리부터 큰 소리까지 다양한 소리를 낼 수 있어서 반주는 물론 독주악기로도 널리 쓰인다. 피아노는 가정에서 연습용으로 쓰는 업라이트 피아노와 연주용 그랜드 피아노, 전자 피아노가 있다.

그랜드 피아노(grand piano)는 현을 수평으로 치는 연주회용 피아노이며, 사이즈가 클수록 현의 길이나 향판의 면적이 달라

[그림 29] 그랜드 피아노

[그림 30] 업라이트 피아노

지므로 음량도 커지고 표현력도 풍부해진다. 전자피아노는 디지털 피아노라고도 하며, 전기를 연결하여 스피커를 통해 음량을 조절하고 음색도 다양하게 낼 수 있다. 현대의 음악에서는 점점 폭넓게 쓰이는 추세다. 특히 대중음악에서는 주로 이 전자피아노를 사용한다.

5. 타악기

타악기(Percussion instruments)는 두드리고 흔들어서 소리 내는 악기 모두를 말한다. 세계에는 수없이 많은 타악기 종류가 있다. 보통 한 명의 타악기 연주자가 여러 종류의 타악기를 연주한다. 타악기는 음정이 없는 악기와 음정이 있는 악기로 구분된다. 셀 수도 없는 여러 가지 타악기가 있으나 여기서는 마림바와 팀파니만을 다루도록 한다.

1) 마림바

마림바(Marimba)는 실로폰의 한 종류로 아프리카의 민속악기를 개량하였다고 한다. 나무로 된 음판 밑에 금속으로 만든 공명관을 장치하여 부드럽고 아름다운 소리를 낸다. 음역이 넓어 독주와 합주에 널리 쓰인다.

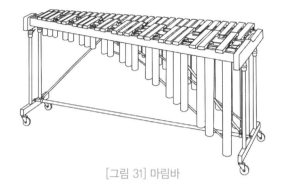

[그림 31] 마림바

2) 팀파니

팀파니(Timpani)는 드럼류의 타악기로 오케스트라에서 가장 많이 쓰이는 타악기다. 팀파니는 음정이 있는 악기로 다른 음으로 조율이 가능하다. 표준적인 연주 형태는 네 대의 팀파니를 사용하는 것이다.

[그림 32] 팀파니

국악기

우리나라의 국악기는 현악기, 관악기, 타악기 등 60여 종이 있다. 그러나 실제 연주에 쓰이는 악기는 그리 많지 않다. 이 책에서는 아이들이 배울 만한 대표적인 국악기만을 소개하도록 하겠다.

1. 현악기

1) 거문고

거문고(玄琴)는 우리나라의 대표적인 현악기다. 왼손으로는 괘를 누르고 오른손에는 대나무로 만든 술대를 쥐고 줄을 쳐서 소리를 낸다. 오동나무판 위에 6줄을 명주실로 걸고, 그중 3줄은 16개의 괘 위에, 나머지 3줄은 안족 위에 얹어 놓고 연주한다. 소리가 깊고 무게가 있어 남성적인 악기로 여겨진다.

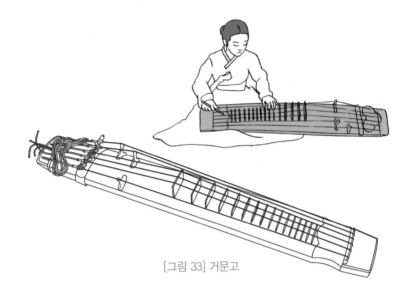

[그림 33] 거문고

왕산악이 만들었다고 전해지며, 그가 곡을 연주하니 검은 학
이 날아와 춤을 추었다 하여 현학금(玄鶴琴)이라 이름하고 후에
거문고(玄琴)라 하였다 한다.

2) 가야금

가야금(伽倻琴)의 줄은 12개인데, 명주실로 꼬아 만들고 울림
통은 오동나무로 만든다. 가야금은 맨 손가락의 오른손으로 줄
을 뜯거나 밀고 퉁겨서 소리 내고 왼손은 안족 아래 줄 위에 놓
고 줄을 흔들고 누르며 연주한다. 줄을 지탱하는 나무 괘는 기
러기발처럼 생겼다고 해서 안족(雁足)이라 부른다. 아름답고 청
아한 여성적인 음색을 지녔다. 『삼국사기』에 가야국의 가실왕
이 만들었다고 기록되어 있다. 현재 쓰이는 가야금은 정악 가야

금과 산조 가야금, 17, 21, 25현금 등 개량된 여러 가지 가야금이
있다. 정악 가야금은 산조 가야금보다 크기가 크고 정악의 연주
에 쓰이고, 산조 가야금은 크기가 작아 현과 현 사이가 좁다. '산
조', '시나위' 등과 같은 빠른 민속음악을 연주하기에 적합하다.

[그림 34] 가야금 연주

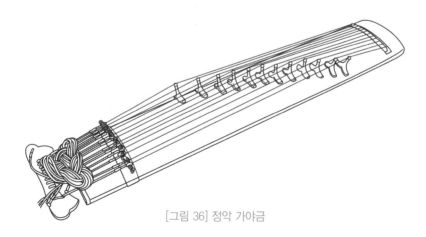

[그림 36] 정악 가야금

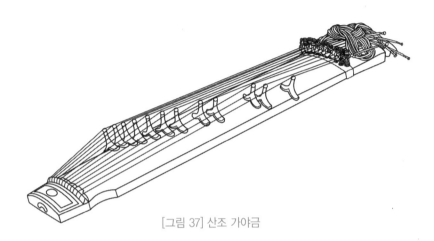

[그림 37] 산조 가야금

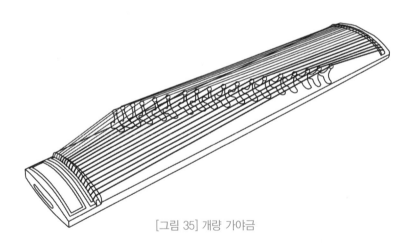

[그림 35] 개량 가야금

3) 아쟁

아쟁(牙箏)은 오동나무판 위에 명주실 7줄을 안족으로 받쳐 놓고 활로 줄을 문질러 소리 낸다. 국악기 중 저음 악기에 속한다. 정악 아쟁과 산조 아쟁이 있다.

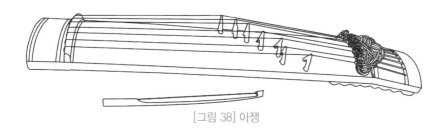

[그림 38] 아쟁

4) 해금

해금(奚琴)은 대나무로 만든 공명통 위에 명주실로 만든 두 줄을 연결하여 그 사이에 말총 활대를 끼워 줄을 마찰시켜 소리를 낸다. 두 줄은 서로 완전5도 차이 나게 조율하여 연주한다. 약음기를 쓴 바이올린과 비슷한 음색을 낸다. 국악기 합주에는 빠지지 않는 중요한 악기다. 악기의 특성상 서양음악을 연주하기가 어렵지 않아, 해금을 위한 서양식 퓨전곡이 많이 만들어지고 연주되고 있다. 젊은이들에게 인기가 있는 악기다.

[그림 39] 해금

2. 관악기

1) 소금

소금(小笒)은 우리나라 악기 중 가장 높고 맑은 소리를 가지고 있다. 연주 방법이 대금과 같아서 대금 연주자들이 주로 연주한다. 상대적으로 악기가 크지 않아 작은 손으로 연주하기도 어렵지 않고, 소리내기도 어렵지 않아서 어린 학생들이 연주하기에 적당한 악기다.

[그림 40] 소금

2) 대금

대금(大笒)은 우리나라의 대표적인 관악기다. 갈대청을 붙인 청공이 있어 센 소리를 낼 경우 갈대청이 울리면서 독특하고 아름다운 음색을 만든다. 국악기 중 비교적 정해진 음률을 가지고 있어 국악 합주 시 모든 악기를 대금 음에 맞추어 조율한다. 정악대금과 산조대금이 있으며, 산조대금은 정악대금에 비해 크기가 작고, 비교적 최근에 개발되었다.

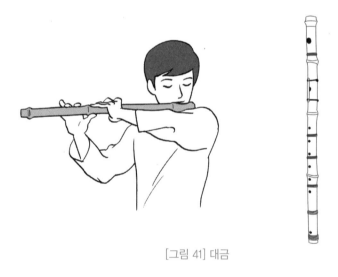

[그림 41] 대금

3) 피리

피리(觱篥)는 대나무 관대에 겹서(겹리드, Double Reed)를 끼워 입에 물고 세로로 부는 관악기다. 피리는 향피리, 당피리, 세

피리 세 가지가 있다. 일반적으로 피리라고 하면 향피리를 지칭
하며, 가장 많이 사용된다. 세피리는 그 소리가 상대적으로 작고
부드러워 주로 소규모의 합주에 쓰이며, 당피리는 당악을 연주
하는 데 쓰이고, 소리는 가장 크다. 피리는 국악 합주에서 주로
주된 가락을 담당하는 중요한 악기다.

[그림 42] 피리

4) 단소

단소(短簫)는 음량은 작으나 음색이 청아하여 독주악기는 물론
생황, 양금과의 병주(이중주), 세악(실내악) 편성의 합주곡과 가
악(노래)의 반주악기로 사용된다. 서(Reed)는 없이 U자형 취구를
통해 바람을 불어 넣어 소리를 낸다. 악기의 구조나 지법으로 볼

때 대체로 조선 중기 이후에 퉁소의 변형으로 생겨난 것으로 본
다. 비교적 연주가 쉬워 교육용으로 많이 쓰인다.

[그림 43] 단소

3. 타악기

국악기에는 타악기의 종류가 가장 많다. 그러나 여기서는 대
표적인 타악기인 장구와 북, 꽹과리에 대해서만 설명을 하도록
하겠다.

1) 장구

장구(杖鼓)는 허리가 가늘게 생긴 나무통의 양쪽에 가죽을 달
아 놓은 악기다. 우리나라 음악에는 빠지는 곳이 없을 만큼 많이

쓰이는 반주악기다. 왼쪽은 가죽(소가죽)이 두꺼워서 낮은 소리가 나고 오른쪽은 가죽(말가죽)이 얇아 높은 소리가 난다. 조이개를 움직여 소리의 높낮이를 조정한다. 소리가 낮은 북편은 주로 왼손 손바닥으로 연주하나 농악, 사물놀이, 무용 등에서는 궁글채를 사용하기도 한다. 소리가 높은 채편은 오른 손으로 채를 잡고 치는데 합주와 같이 큰 소리가 필요할 때는 복판을 치고, 실내악, 독주 등과 같이 작은 소리가 필요한 경우는 변죽(가장자리)을 친다.

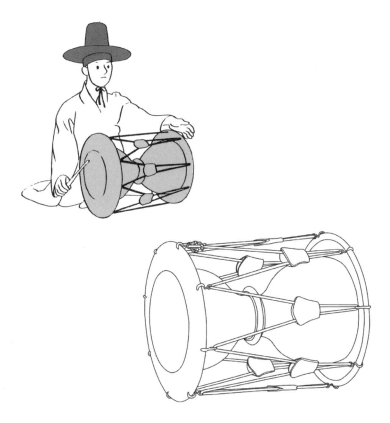

[그림 44] 장구

2) 북

북은 여러 가지 종류가 있으나 소리북과 농악북이 가장 많이
사용된다. 소리북은 주로 판소리를 할 때 반주로 쓰고, 농악북은
풍물놀이나 사물놀이를 할 때 사용한다. 소리북은 양면의 가죽
을 못으로 고정시켜 만들며, 농악북은 양면의 가죽 가장자리에
구멍을 뚫어 끈으로 엮어 만든다.

[그림 45] 북 연주

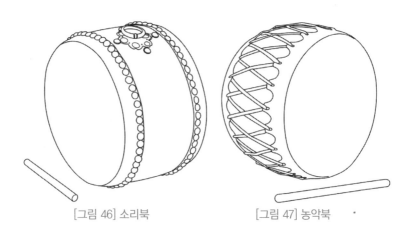

[그림 46] 소리북   [그림 47] 농악북

3) 꽹과리

꽹과리는 풍물놀이에서 가장 중요한 역할을 하는 악기다. 꽹과리를 연주하는 사람을 상쇠라 하는데 상쇠는 풍물놀이를 지휘하는 역할을 한다.

[그림 48] 꽹과리

참고문헌

구자억 외(2002). 동서양 주요 국가들의 영재교육. 서울: 문음사.

김영연, 오주일(2004). "유아의 음악 영재성에 대한 고찰". 유아교육연구, 제 24
　　권 3호, pp. 189-209.

김윤희(1997). "서양음악적성검사를 통한 한국음악 적성측정의 가능성에
　　관한 연구". 음악 교육연구, 16집, pp. 329-360.

로버트러바인(2007). 오케스트라 이야기. 서울: 큰북작은북.

신대철(1993). 우리 음악 그 맛과 소리깔. 서울: 교보문고.

이미경(2005). "최근 일고 있는 음악 영재교육에 대한 몇 가지 제안". 음악과
　　민족, 제29권, pp. 255-276.

정유하(2003). "음악 영재에 대한 조기교육의 필요성과 그 방법". 음악연구,
　　제28집, pp. 209-239.

조효임, 최은식, 정진원(1996). "한국초등학생의 음악 적성에 관한 연구". 음
　　악 교육연구, 제15집, pp. 437-471.

한종철(1987). "적성검사의 문제점과 발전과제". 교육평가연구회 학술대회
　　발표논문, pp. 109-123.

한국교육개발원(2002). 공교육 차원의 발명영재교육 체제 구축방안 연구.
　　서울: 한국교육개발원.

한국예술영재학회(2006). 영재교육의 방법. 서울: 미진사.

현경실(1993). "한국음악과 서양음악의 음악성 비교 연구". 국악 교육, 제11집.
　　서울: 한국국악학회.

현경실(1994). "음악 적성 형성과정과 한국음악 소질검사 제작을 위한 방안
　　연구". 국악교육, 제12집, pp. 33-55.

현경실(2003). "한국음악성 검사의 예언타당도 연구". 음악과 민족, 제24집,
　　pp. 215-231.

Anastasi, Anne (1982). *Psychological Testing*. New York: Macmillan
　　Publishing Co.

Bentley, Arnold (1966). *Musical Ability in Children and its Measurement*.
　　London: Harrap.

Boyle, D. & Radocy, R. (1987). *Measurement and Evaluation of Musical
　　Experience,* New York: Schirmer Books.

Buros, Oscar Krisen (Ed.) (1972). The Seventh Mental Measurements
　　Yearbook, Vol. 1 and 2, Highland Park. New Jersey: The Gryphon
　　Press.

Chomsky, Noam (1965). *Aspects of the Theory of Syntax*. Cambridge,
　　Mass: MIT Press.

Davis, G. A., & Rimm, S. B. (1994). *Education of the gifted and talented*.
　　Boston: Allyn and Bacon.

Gardner, H. (1983). *Frames of minds*. New York: Basic Books.

Gordon, E. (1982). *Intermediate Measures of Music Audiation*. Chicago: G. I. A. Publications, Inc..

Gordon, E. (1986). *Primary Measures of Music Audiation*. Chicago: G. I. A. Publications, Inc..

Gordon, E. (1987). *The nature, description, measurement, and evaluation of Music Aptitudes*. Chicago: G. I. A. Publications.

Gordon, E. (1988/1965). *The Musical Aptitude Profile*. Chicago: The Riverside Publications.

Gordon, Edwin E. (1989). *The Advanced Measures of Music Audiation*, Chicago: G. I. A. Publications, Inc..

Renzulli, J.S. (1986) "The Three-ring Conception of Giftedness: A developmental model for creative productivity." *Conceptions of Giftedness*. New York: Cambridge University Press.

Reveze, G. (1953). *Introduction to the Psychology of Music*. London: Longmans, Greens.

Seashore, Carl E. (1939/1919). *Seashore Measures of Musical Talent*, New York: Columbia Phonograph Company.

Sax, G. (1980). *Principles of educational and psychological measurement and evaluation*. Belmont: Wordsworth Pub..

Shuter-Dyson, R. & Gabriel, C. (1981). *The psychology of musical ability*(2nd ed.). London: Methuen.

Stevens, D. (1987). *The construction and validation of a test of musical aptitude for young children*. Doctoral dissertation, University of South Dakoda.

Sternberg. R. J., & Lubart, T. I. (1995). *Defying the crowd: Cultivating creativity in a culture conformity*. New York: Free Press.

Sternberg. R. J., & Lubart, T. I. (1999). The concept of creativity: Prospects and paradigms. In R. J. Sternberg (Ed.), *Handbook of creativity*. New Yok: Cambridge University Press.

Wing, H. D. (1960). *Manual for Standardized Tests of Musical Intelligence*, Windsor: National Foundation Educational Research Pub.

저자 소개

현경실(Hyun Kyung-sil)

서울대학교 국악과 졸업
미국 템플 대학교 음악교육학 석사, 박사
대구교육대학교 교수 역임
서울시 공립중학교 음악교사 역임
현 성신여자대학교 교육대학원 교수

[저 서]

한국음악적성검사
Kids' MAT 유아음악적성검사(만 5~7세)
중학교 음악(공저, 금성사)
음악과 생활(공저, 금성사)
음악교육학총론(2판, 공저, 학지사)
음악교수법-달크로즈, 코다이, 오르프, 고든, 포괄적 음악성-(공저, 학지사)
음악과교재연구-음악교육 교재 교구 개발 및 활동-(공저, 학지사) 등 다수

다중지능 이론에 기초한

적성을 살리는
음악 교육

2016년 9월 10일 1판 1쇄 인쇄
2016년 9월 20일 1판 1쇄 발행

지은이 • 현경실
펴낸이 • 김진환
펴낸곳 • ㈜ 학 지사

04031 서울특별시 마포구 양화로 15길 20 마인드월드빌딩
대표전화 • 02)330-5114   팩스 • 02)324-2345
등록번호 • 제313-2006-000265호

홈페이지 • http://www.hakjisa.co.kr
페이스북 • https://www.facebook.com/hakjisabook

ISBN 978-89-997-1084-1 03370

정가 9,000원

이 도서의 국립중앙도서관 출판시도서목록(CIP)은 서지정보유통지
원시스템 홈페이지(http://seoji.nl.go.kr)와 국가자료공동목록시스템
(http://www.nl.go.kr/kolisnet)에서 이용하실 수 있습니다.
(CIP 제어번호: CIP2016021809)

교육문화출판미디어그룹 학 지사

심리검사연구소 인싸이트 www.inpsyt.co.kr
원격교육연수원 카운피아 www.counpia.com
학술논문서비스 뉴논문 www.newnonmun.com